GO»
AHEAD

REALSCHULE BAYERN

Vokabeltaschenbuch

9

Vokabel Trainer

Cornelsen

Vokabeltrainer-App

Verfügbar für: iOS, Android und Windows Phone

Cornelsen

Das **Vocabulary** enthält alle neuen Wörter und Wendungen des Buches, die du lernen musst. Sie stehen in der Reihenfolge, in der sie im Buch zum ersten Mal vorkommen.

Hier siehst du, wie das Vocabulary aufgebaut ist:

quota ['kwəʊtə]	Quote	Let's discuss female **quotas**. Do you think **quotas** will stop discrimination against women?
		the money that your employer pays you for doing your job
		adjective: **pharmaceutical** – *noun:* **pharmaceutical** (Arzneimittel) ⚠ Das Substantiv steht meist im Plural: **pharmaceuticals**.
biotechnology [baɪəʊtek'nɒlədʒi]		That stuff you're eating isn't natural at all! It's a product of **biotechnology**.
multinational [mʌlti'næʃnəl]		►► in or from different countries *adjective:* **multinational** – *noun:* **multinational** (multinationaler Konzern, Multi)
positive discrimination [pɒzətɪv dɪˌskrɪmɪ'neɪʃn]	positive Diskriminierung *(gesellschaftspolitische Maßnahmen, die negativer Diskriminierung entgegenwirken)*	a policy that helps people who normally have certain disadvantages (e.g. because of gender, colour of skin or social background) to be treated more fairly

Die Lautschrift zeigt dir, wie ein Wort ausgesprochen wird. Eine Übersicht über die Lautschriftzeichen findest du auf Seite 87.

Das rote **Warnschild mit Ausrufezeichen** bedeutet: Vorsicht, hier kannst du leicht Fehler machen!

Im **Vocabulary** werden folgende Abkürzungen und Symbole verwendet:

p. = *page* (Seite) • *sb.* = *somebody* (jemand) • *AE* = *American English* • *BE* = *British English*

sth. = *something* (etwas) • *pl* = *plural* (Mehrzahl) • *no pl* = es gibt das Wort nicht in der Mehrzahl

Dies ist das Gegenteil-Zeichen:
among ◄► between bedeutet:
„**among** ist das Gegenteil von **between**“

among [ə'mʌŋ]

among ◄► between

among the green apples

between the green apples

Diese Zahl gibt die **Seite** an, auf der die Wörter zum ersten Mal vorkommen.
p. 61 = Seite 61

p. 61

position [pə'zɪʃn]

Dies ist das Zeichen für ein Synonym:
►► **nearly** bedeutet: „**nearly** ist ein Synonym von **almost**“

almost ['ɔːlməʊst]

►► nearly

employee [ɪm'plɔɪiː]

Die orangen Kästen solltest du dir immer besonders gut ansehen. Dort stehen wichtige Hinweise zu den neuen Wörtern.

employment ◄► unemployment
employed ◄► unemployed
self-employed ◄► employed by a company
An **employer** gives people work.
An **employee** works for a company / an **employer**.

majority [mə'dʒɒrəti] — Mehrheit, Mehrzahl

majority ◄► minority [maɪ'nɒrəti] (Minderheit)
There are 16 girls and 13 boys in my class.
The girls are in the **majority**.
The boys are in the **minority**.
(= There are more girls than boys in our class.)

Unit 1 – Life in Australia

pp. 8/9	(to) **explore** [ɪk'splɔː]	erforschen, erkunden		Let's go for a walk and **explore** this village.
	parrot ['pærət]	Papagei		
	kangaroo [kæŋgə'ruː]	Känguru		
	crocodile ['krɒkədaɪl]	Krokodil	⚠	Betonung auf der 1. Silbe: **croc**odile ['krɒkədaɪl] 
	Tasmanian devil [tæzmeɪniən 'devl]	Beutelteufel *(Tierart)*		**devil** = Teufel 
	camel ['kæml]	Kamel	⚠	Betonung auf der 1. Silbe: **ca**mel ['kæml]
	the outback ['aʊtbæk]	*das Hinterland Australiens*		Australia's **outback** is far away from the coast and the towns.

(to) **bite** [baɪt]**, bit** [bɪt]**,** **bitten** ['bɪtn]	beißen; stechen *(z. B. Insekten)*	*verb:* (to) **bite** Careful! That dog **bites**. – *noun:* **bite** (Biss; (Insekten-)Stich) It can give you nasty **bites**.
insect repellent ['ɪnsekt rɪpelənt]	Insektenschutzmittel	**insect** ['ɪnsekt] = Insekt **repellent** [rɪ'pelənt] = Schutzmittel
continent ['kɒntɪnənt]	Kontinent	Europe, Africa and Asia are **continents**. Betonung auf der 1. Silbe: <u>con</u>tinent ['kɒntɪnənt]
convict ['kɒnvɪkt]	Sträfling	somebody who has been sent to prison
scuba-diving ['sku:bə daɪvɪŋ]	Sporttauchen	
snorkelling ['snɔ:kəlɪŋ]	Schnorcheln	
coral ['kɒrəl]	Koralle/n	**coral reef** [kɒrəl 'ri:f] = Korallenriff **reef** = Riff

Text 1

p. 10	**testimony (to)** ['testɪməni]	(Zeugen-)Aussage; Beweis (für), Zeugnis	Thousands of happy customers are **testimony to** the high quality of our products.
	(to) **identify** [aɪ'dentɪfaɪ]	erkennen; (sich) identifizieren	Do you think you'll be able to **identify** the man who attacked you? (to) **identify yourself (as)** = sich zu erkennen geben (als)
	Aboriginal [æbə'rɪdʒənl]	Aborigine- *(die Ureinwohner/innen Australiens betreffend)*	**Aboriginal** artists/culture; the **Aboriginal** population/flag; **Aboriginal** Australian (australische/r Ureinwohner/in) 
	people ['pi:pl], *pl* **peoples**	Volk ⚠	**people** = **1.** Menschen – A lot of **people** are afraid of dogs. **2.** Volk – the Zulu **people** (das Volk der Zulu) the native **peoples** of Africa (die Urvölker Afrikas)
	(to) **dream (of/about** sth.**)** [dri:m]	träumen (von etwas) ⚠	According to Aboriginal culture, the 'Dreamtime' is the period in which life was created. 'Dreaming' is the word used to explain how life began. *verb:* (to) **dream** – *noun:* **dream** (Traum)
	plant [plɑ:nt]	Pflanze	*noun:* **plant** – *verb:* (to) **plant** (pflanzen)
	(to) **pass** sth. **on (to** sb.**)**	etwas weitergeben (an jn.)	(to) **pass** sth. **down** = etwas weitergeben, überliefern

present ['preznt]	Gegenwart	the **past** – the **present** – the **future** yesterday – today – tomorrow ⚠ **present** = **1.** Geschenk; **2.** Gegenwart
fellow ['feləʊ]	Mit-	Our **fellow** passengers on the plane were very patient when our baby cried. your **fellow** students = the other students from your class (deine Mitschüler/innen)
(to) **integrate** ['ɪntɪgreɪt]	(sich) integrieren	⚠ Betonung auf der 1. Silbe: integrate ['ɪntɪgreɪt]
community [kə'mjuːnəti]	Gemeinschaft, Gemeinde	Bayern Munich has a big **community** of fans all over Europe.
(to) **bring** sb. **up**	jd. aufziehen, großziehen	Her parents are from Jamaica, but she was born and **brought up** in London. a **well/badly brought up** child = ein gut/schlecht erzogenes Kind
generation [dʒenə'reɪʃn]	Generation	⚠ Betonung auf der vorletzten Silbe: generation [dʒenə'reɪʃn]
(to) **apologize (to** sb. **for** sth.**)** [ə'pɒlədʒaɪz]	sich (bei jm. für etwas) entschuldigen	*verb:* (to) **apologize** – *noun:* **apology** [ə'pɒlədʒi] (Entschuldigung)
(to) **suffer (from)** ['sʌfə]	leiden (an), erleiden	I often **suffer from** headaches. (leiden an) He **suffered** a heart attack. (Er erlitt einen Herzinfarkt.) *verb:* (to) **suffer** – *noun:* **suffering** = *(das)* Leid, Leiden
hurt [hɜːt]	Schmerz; Kränkung	*noun:* **hurt** – *verb:* (to) **hurt**

	(to) **break** sth. **up**	etwas zerbrechen, zerstören; auflösen	Let's **break** the chocolate **up** into small pieces, so each of us can have some. (to) **break up (with** sb.**)** = sich von jm. trennen She **broke up** with her boyfriend.
	indignity [ɪn'dɪgnəti]	Demütigung, Erniedrigung	Aboriginal people had to suffer many **indignities** for years and years.
	(to) **inflict** sth. **on** sb. [ɪn'flɪkt]	jm. etwas zufügen, etwas bei jm. verursachen	Do you have any idea how much hurt and pain your behaviour **inflicts on** black people?
	proud (of) [praʊd]	stolz (auf)	*adjective:* **proud of** sb./sth. – *noun:* **pride** [praɪd] (Stolz)
	prime minister [praɪm 'mɪnɪstə]	Premierminister/in ⚠	The British **prime minister** lives at 10 Downing Street. Betonung: prime **min**ister [praɪm 'mɪnɪstə]
p. 11	**welfare** ['welfeə]	Sozialhilfe; Wohlfahrt, Fürsorge; Wohl(ergehen)	He doesn't have a job and lives on **welfare**. (... lebt von Sozialhilfe) We need more social **welfare** programmes to support poorer families. (Fürsorge, Wohlfahrt) As parents we want to protect our kids. Their **welfare** is the most important thing to us. (Wohlergehen)
	(to) **separate** ['sepəreɪt]	trennen	*verb:* (to) **separate** ['sepəreɪt] It's not right to **separate** children from their parents. *adjective:* **separate** ['seprət] (getrennt, separat) The library has a **separate** room for children's books. They didn't drive there together (= in the same car), they drove there **separately** (= in different cars).

nursery ['nɜːsəri]	Kinderzimmer; Kinderkrippe	**1.** a room in a house where young children play and sleep **2.** a place where young children are looked after during the day
(to) **cut** sth. **out** *(infml)*	mit etwas aufhören	►► (to) stop (doing) sth.
life expectancy ['laɪf ɪkspektənsi]	Lebenserwartung	the time a person is likely to live
unemployment [ʌnɪm'plɔɪmənt]	Arbeitslosigkeit	**unemployment** ◄► **employment** [ɪm'plɔɪmənt] (Arbeit, Anstellung)

Introduction

p. 12	**canvas** ['kænvəs]	Leinwand; Segeltuch	You can paint on **canvas** ... 
	(tree) bark [bɑːk]	Baumrinde	... or on tree **bark**. 

(back) then	damals	My grandma was born in 1952. Life was a lot slower **(back) then**, she says. ⚠ **then** = **1.** dann, danach; **2.** damals
(to) **encourage** [ɪn'kʌrɪdʒ]	ermutigen, ermuntern; unterstützen	*verb:* (to) **encourage** My friends **encouraged** me to apply for the job. – *noun:* **encouragement** [ɪn'kʌrɪdʒmənt] (Ermunterung, Ermutigung; Unterstützung) My friends supported me and gave me lots of **encouragement**.
permanent ['pɜːmənənt]	dauerhaft, Dauer-; fest; (be)ständig	This isn't a **permanent** tattoo. I can wash it off. After I graduated, I got my first **permanent** job.
dot [dɒt]	Punkt, Pünktchen	**dot painting** = Punktmalerei; Punktgemälde
bright [braɪt]	hell, freundlich; leuchtend	The light from my smartphone is very **bright**. I like **bright** colours: orange, yellow, red, ... **bright** ◄► **dark**
use [juːs]	Gebrauch, Verwendung ⚠	*verb:* (to) **use** [juːz] – *noun:* **use** [juːs]
(to) **be in progress** ['prəʊgres]	im Gange sein	The blinking sign said: "Quiet please! Recording **in progress**!"
regular ['regjələ]	regelmäßig; gewohnt, normal	Is "arrive" a **regular** verb? I do sport **regularly**. (regelmäßig) the **regular** person in the street (normal) **regular** ◄► **irregular** [ɪ'regjələ] (unregelmäßig; ungleichmäßig)

p. 13	(to) **come of age**	volljährig werden	►► (to) become an adult by law
	(to) **confirm** [kən'fɜːm]	konfirmieren; firmen	*verb:* (to) **confirm** – *noun:* **confirmation** [kɒnfə'meɪʃn] (Konfirmation; Firmung) ⚠ (to) **confirm** = **1.** bestätigen; **2.** konfirmieren; firmen **confirmation** = **1.** Bestätigung; **2.** Konfirmation; Firmung
	Jewish ['dʒuːɪʃ]	jüdisch	*adjective:* **Jewish** – *noun:* **Jew** (Jude/Jüdin)
	Muslim ['mʊzlɪm]	Muslim/Muslima; muslimisch	I'm a **Muslim**. My religion is Islam.
	ceremony ['serəməni]	Feier, Zeremonie	⚠ Betonung auf der 1. Silbe: ceremony ['serəməni]
	discipline ['dɪsəplɪn]	Disziplin	*noun:* **discipline** – *verb:* (to) **discipline** (disziplinieren) ⚠ Betonung auf der 1. Silbe: discipline ['dɪsəplɪn]
	they used to make ... ['juːst tə]	sie haben (früher) immer ... gemacht	I **used to do** a lot of sport, but I don't have the time now.
	mark [mɑːk]	Markierung; Zeichen	*noun:* **mark** – *verb:* (to) **mark** (kennzeichnen, markieren)
	(to) **return** [rɪ'tɜːn]	zurückkehren, zurückkommen	*verb:* (to) **return** – *noun:* **return** (Rückkehr)

Skills training

p. 14	**venom** ['venəm]	Gift		the dangerous chemical that some insects, snakes, etc. produce when they bite you – it can harm or kill you *noun:* **venom** – *adjective:* **venomous** ['venəməs] (giftig)
	creature ['kriːtʃə]	Geschöpf, (Lebe-)Wesen	⚠	Betonung auf der 1. Silbe: **crea**ture ['kriːtʃə]
	snail [sneɪl]	Schnecke		a **snail** 
	backyard *(AE)* [bæk'jɑːd]	(Hinter-)Hof; Garten hinter dem Haus	⚠	*AE* **yard** = *BE* garden *AE* **backyard** = the area behind the house
	anti- ['ænti]	Anti-, Gegen-		**anti-**discrimination laws = laws against discrimination an **antivenom** = ein Gegengift
	jellyfish ['dʒelifɪʃ], *pl* **jellyfish**	Qualle		some **jellyfish** in the sea 

	sting [stɪŋ]	(Insekten-)Stich	*noun:* **sting** – *verb:* (to) **sting**, **stung**, **stung** [stʌŋ] (stechen *(Insekt)*; brennen)
	immediately [ɪ'miːdiətli]	sofort, umgehend, unmittelbar	When I call my dog, she comes **immediately**. *adverb:* **immediately** – *adjective:* **immediate** (sofortige/r/s)
	vinegar ['vɪnɪgə]	Essig	Here's some oil and **vinegar** for your salad. 
	octopus ['ɒktəpəs], *pl* **octopuses**	Oktopus, Tintenfisch	a sea creature with eight arms
	paralysis [pə'ræləsɪs], *pl* **paralyses** [pə'ræləsiːz]	Lähmung	She has to use a wheelchair because she suffered **paralysis** in her legs.
	tick [tɪk]	Zecke	a **tick** 
	oval ['əʊvl]	oval	Betonung auf der 1. Silbe: oval ['əʊvl]
	(to) **suck** [sʌk]	saugen	Mosquitoes bite you and **suck** your blood.
	tweezers *(pl)* ['twiːzəz]	Pinzette	
p. 15	**friendliness** ['frendlinəs]	Freundlichkeit	*noun:* **friendliness** – *adjective:* **friendly**

informal [ɪn'fɔːml]	informell, locker	**formal ◄► informal** When you apply for a job, your letter should be quite **formal**, but your emails to your friends can be **informal**.
(to) **shorten** ['ʃɔːtn]	(ver)kürzen	*verb:* (to) **shorten** I need to **shorten** this text. – *adjective:* **short** But I don't want to make it too **short**.
mate *(infml)* [meɪt]	Freund/in, Kumpel	Weekends are a good time to hang out with your **mates**.
cheers *(infml)* [tʃɪəz]	tschüs; danke	"Here's your drink." – "**Cheers**, mate!" (danke) "**Cheers**, then, Dave! See you tomorrow!" (tschüs)
cereal(s) ['sɪəriəlz]	Getreide-, Frühstücksflocken	breakfast **cereals** 

Text 2

p. 16 **detention centre** [dɪ'tenʃn sentə]	Auffanglager, Haftanstalt *(für Abschiebehaft)* ⚠	**detention** = **1.** Haft; Inhaftierung; **2.** Nachsitzen *(in der Schule)* *noun:* **detention** – *verb:* (to) **detain** [dɪ'teɪn] (in Haft nehmen; aufhalten)

(to) **criticize** ['krɪtɪsaɪz]	kritisieren ⚠	If you **criticize** the way I do it, then please also tell me how we could do it differently. Betonung auf der 1. Silbe: criticize ['krɪtɪsaɪz]
(to) **drown** [draʊn]	ertrinken	(to) die because you're underwater for too long and can't breathe
conflict ['kɒnflɪkt]	Konflikt, Auseinander-setzung, Streit ⚠	Betonung auf der 1. Silbe: conflict ['kɒnflɪkt]
corner ['kɔːnə]	Ecke	There's a statue in each of the four **corners** of this square.
policy ['pɒləsi]	Politik, Richtlinie(n), Bestimmung(en)	There's a "no junk food"-**policy** at my school.
whatever [wɒt'evə]	was (auch) (immer)	We will help you, **whatever** happens. = It doesn't matter what happens – we will help you.
illegal [ɪ'liːgl]	illegal, verboten; Illegale/r	**illegal** [ɪ'liːgl] ◄► **legal** ['liːgl] (legal)
forever [fər'evə], **for ever**	für immer, ewig (lange)	The terrible accident and her paralysis changed her life **forever / for ever**. I hope Simon arrives soon. We can't wait **forever / for ever**.
difficulty ['dɪfɪkəlti]	Schwierigkeit(en)	*adjective:* **difficult** – *noun:* **difficulty**
hut [hʌt]	Hütte	►► a small and very simple house 

	(to) **dry** [draɪ]	(ab)trocknen	*verb:* (to) **dry** – *adjective:* **dry** (trocken)
	expert ['ekspɜːt]	Experte, Expertin ⚠	Betonung auf der 1. Silbe: **ex**pert ['**eks**pɜːt]
	operation [ɒpə'reɪʃn]	Operation, Einsatz	*noun:* **operation** It was a secret **operation**. – *verb:* (to) **operate** ['ɒpəreɪt] (bedienen *(z. B. Maschine)*, arbeiten *(in Betrieb sein)*, operieren) They **operated** in secret.
	(to) **get rid of** sth. [rɪd]	etwas loswerden	I never drive any more, I ride my bike everywhere. I should **get rid of** my car.
	textbook ['tekstbʊk]	Schulbuch, Lehrbuch	This is the **textbook** for your English lessons at school.
	(to) **photocopy** ['fəʊtəʊkɒpi]	fotokopieren	*verb:* (to) **photocopy** – *noun:* **photocopy** (Fotokopie)
p. 17	**current affairs** *(pl)* [kʌrənt ə'feəz]	Tagespolitik, aktuelle Ereignisse	**current** ['kʌrənt] = aktuell, gegenwärtig **affair** [ə'feə] = Angelegenheit, Sache; Affäre, Verhältnis
	course [kɔːs]	Kurs(us)	**crash course** ['kræʃ kɔːs] = Intensivkurs
	(to) **realize** sth. ['rɪəlaɪz]	etwas erkennen, sich einer Sache bewusst werden	*verb:* (to) **realize** When I got home, I **realized** that I had left my bag on the train. – *noun:* **realization** [riːəlaɪ'zeɪʃn] (Erkenntnis) The **realization** that my bag was still on the train hit me.

council ['kaʊnsl]	Ausschuss; Rat *(z. B. Gemeinderat, Stadtrat)*	the town **council** = the government of the town
false [fɔːls]	falsch, unrichtig	►► not true, not real
long-term [lɒŋ 'tɜːm]	langfristig, Langzeit-	**medium-term** [miːdiəm 'tɜːm] = mittelfristig **short-term** [ʃɔːt 'tɜːm] = kurzfristig, Kurzzeit-
We recommend that you **go** ... [rekə'mend]	Wir empfehlen, dass Sie ... gehen.	

The verb (to) **recommend** can take ...

1. a noun:	I would **recommend**	**a visit** to your doctor.
2. the *-ing*-form:	I would **recommend**	**seeing** a doctor about this problem.
3. the infinitive with "to", when you recommend another person something:	You should **recommend**	**your dad to see** his doctor.
4. "that" + verb:	I would **recommend**	**that you see** your doctor.

authority [ɔː'θɒrəti]	Behörde	**local authority** = Gemeinde(behörde), Kommune/ Kommunalbehörde
a while [waɪl]	eine Weile, einige Zeit ⚠	**while** = **1.** während – **while** we were waiting; **2.** Weile – for a **while** (eine Weile lang)
(to) **soak** sth. **up** [səʊk 'ʌp]	etwas aufsaugen, in sich aufnehmen	When young children learn their first language, they will **soak up** everything they hear.
(to) **squint** [skwɪnt]	blinzeln, *(die Augen)* zusammenkneifen, spähen	(to) look at something with your eyes only half open, e.g. because the light is too bright

campaign [kæm'peɪn]	Aktion, Kampagne	*noun:* **campaign** We started a **campaign** against the new factory in our town. – *verb:* (to) **campaign (for/against)** (sich einsetzen (für/gegen), kämpfen (für/gegen)) We **campaigned** against the new factory in our town.
Lord Mayor [lɔːd 'meə]	Oberbürgermeister/in	the title of the mayor in some cities, e.g. in Great Britain, Australia or Canada
a mate of mine	ein/e Freund/in von mir	**a friend of Cooper's / of hers / of mine** • Jack is **a friend of Cooper's**. (= einer von Coopers Freunden) • Kate is **Cooper's friend**. (Coopers (beste) Freundin) a friend of **mine/his/hers/ours** *(nicht: of ~~me/him/her/us~~)* 
(to) **deny** [dɪ'naɪ]	leugnen, bestreiten	*verb:* (to) **deny** He **denied** having committed the crime. – *noun:* **denial** [dɪ'naɪəl] (*(das)* Leugnen, Dementi) But his **denial** of the crime didn't help him.

	(to) **ignore** [ɪg'nɔː]	nicht beachten, ignorieren	*verb:* (to) **ignore** They **ignored** all the safety signs. – *noun:* **ignorance (of/about** sth.**)** ['ɪgnərəns] (Unwissenheit (über etwas), Unkenntnis (einer Sache), Ignoranz) They showed complete **ignorance of** the dangers of venomous jellyfish.
	accent ['æksent]	Akzent	Duncan is from Glasgow and speaks with a strong Scottish **accent**. ⚠ Betonung auf der 1. Silbe: accent ['æksent]
p. 18	**riddle** ['rɪdl]	Rätsel	It's a **riddle** how the cat managed to get onto the roof. These **riddles** are really difficult to solve.
	direct [də'rekt]	direkt, unmittelbar	**direct** ◄► **indirect** [ɪndə'rekt] (indirekt)
	plains *(pl)* [pleɪnz]	Ebene	
	(to) **bear** [beə], **bore** [bɔː], **borne** [bɔːn]	ertragen, aushalten; tragen	I can't **bear** this pain much longer. (ertragen, aushalten) Who **bore** the responsibility for this project? (tragen)

	perfect ['pɜːfɪkt]	perfekt	**perfectly** still = ganz/völlig ruhig/still ⚠ Betonung auf der 1. Silbe: **per**fect ['pɜːfɪkt]
	calm [kɑːm]	ruhig, besonnen	*adjective:* **calm** Please stay **calm**. – *verb:* (to) **calm (down)** (sich beruhigen) / (to) **calm** sb. **down** (jn. beruhigen) Please **calm down**. Please **calm** the children **down**.
	point of view [pɔɪnt əv 'vjuː]	Standpunkt, Meinung; Perspektive	►► way of seeing things; opinion

Skills training

p. 19	**tournament** ['tʊənəmənt]	Turnier, Wettkampf	a sports competition where a number of teams or players take part in different disciplines/games 
	congratulations (on sth.**)** [kəngrætʃə'leɪʃnz]	herzlichen Glückwunsch (zu etwas)	*noun:* **congratulations** **Congratulations on** your good grades! – *verb:* (to) **congratulate** sb. **on** sth. [kən'grætʃuleɪt] (jm. zu etwas gratulieren) I **congratulated** her **on** her good grades.

verbs + *-ing*-form:

You should	**apologize for**	**saying**	such nasty things.
They	**campaigned for**	**making**	bus and train tickets cheaper.
She	**congratulated** us **on**	**getting**	such good results.
He	**denied**	**having**	anything to do with her death.
They	**detained** him **for**	**making**	threats of violence against his boss.
Do you ever	**dream of**	**sailing**	around the world?

⚠ **With some verbs you can use the *-ing*-form or the infinitive with "to":**

I couldn't	**bear**	**seeing / to see**	my dog suffer.
We will	**continue**	**fighting / to fight**	until we get what we want.

anyway ['eniweɪ]	trotzdem	⚠ **anyway** = **1.** trotzdem It's cold, windy and rainy, but I'll go by bike **anyway**.; **2.** sowieso; jedenfalls, wie dem auch sei I can take you to York in my car. I'm driving there **anyway**. (sowieso)

Study skills

p. 20	**collocation** [kɒlə'keɪʃn]	Kollokation *(inhaltlich kombinierbare sprachliche Einheiten)*	It's not really wrong to say "heavy wind" or "strong rain" in English. But the correct **collocations** are "strong wind" and "heavy rain".
	athletics [æθ'letɪks]	Leichtathletik	sports in which competitions are held, such as running, jumping and throwing

amateur ['æmətə]	Amateur/in; Amateur-, Hobby-	**amateur ◂▸ professional** Betonung auf der 1. Silbe: **am**ateur ['æmətə]
venue ['venju:]	Veranstaltungsort, Veranstaltungsstätte	a place where concerts, sports competitions or other big events take place
antonym ['æntənɪm]	Antonym, Gegenteil	**Antonyms** of "difficult" are "easy" or "simple". **synonym ◂▸ antonym**
idiom ['ɪdiəm]	Redewendung	a phrase whose meaning you don't know even if you know what all the words in it mean "That's not my cup of tea." is a nice English **idiom**. It means "I'm not a great fan of it."
It's your turn. [tɜ:n]	Du bist dran. / Du bist an der Reihe.	**It was my turn** to ask a question, but I didn't know what to ask.

Skills training

p. 21	**explanation** [eksplə'neɪʃn]	Erklärung	*verb:* (to) **explain** – *noun:* **explanation**
	spectator [spek'teɪtə]	Zuschauer/in	►► somebody who watches a (sports) event
	goalpost ['gəʊlpəʊst]	Torpfosten	**post** = Pfosten, Pfahl
	mouthguard *(AE)* ['maʊθgɑ:d]	Mundschutz *(Sport)*	►► *BE* **gumshield** ['gʌmʃi:ld]
	headguard ['hedgɑ:d]	Kopfschutz *(Sport)*	

(to) **kick** [kɪk]	treten; *(Sport)* schießen	*verb:* (to) **kick** – *noun:* **kick** (Tritt, Stoß, Kick)
fist [fɪst]	Faust	

Unit 2 – My world of work

p. 24/25 **part-time** [pɑːt 'taɪm]	Teilzeit-, Halbtags-	He has a **part-time** job. ◄► He has a **full-time** job. = He works **part-time**. = He works **full-time**. [fʊl 'taɪm]
abroad [ə'brɔːd]	im/ins Ausland	►► in or to another country
job advertisement [dʒɒb əd'vɜːtɪsmənt] *(kurz auch:* **job advert***)*	Stellenanzeige	"I saw your **job advert** and would like to apply for the job."
CV [siː 'vi] **(= curriculum vitae** [kərɪkjələm 'viːtaɪ]**)**	Lebenslauf	At the age of 15, your **CV** is probably not very long.
cover letter ['kʌvə letə]	Anschreiben, Begleitschreiben, Motivationsschreiben	a letter that you send with your CV
automation [ɔːtə'meɪʃn]	Automatisierung	My uncle lost his job. The work he used to do is now done by a machine. He's a victim of **automation**.

technique [tek'niːk]	Methode, Technik	I've learned some good **techniques** for being less nervous before tests. ⚠ Betonung auf der 2. Silbe: tech**nique** [tek'niːk]
work experience ['wɜːk ɪkspɪəriəns]	Arbeitserfahrung(en), Praxiserfahrung(en); Praktikum	She has a strong computer background and a lot of **work experience**. Last year I did some **work experience** at our local supermarket.
high school *(AE)* ['haɪ skuːl]	*(USA) Schule für 14- bis 18-Jährige*	*(in the USA)* a school for young people between the ages of 14 and 18
fee [fiː]	Gebühr; Honorar; (Mitglieds-)Beitrag	money you pay e.g. for club membership, advice or services
fund [fʌnd]	Fonds; Geldmittel	*noun:* **fund** – *verb:* (to) **fund** (finanzieren)
expenses *(pl)* [ɪk'spensɪz]	Kosten; Spesen	**living expenses** = Lebenshaltungskosten **travelling expenses** = Reisekosten
loan [ləʊn]	Darlehen, Kredit	(to) **take out a loan** = ein Darlehen / einen Kredit aufnehmen
training course ['treɪnɪŋ kɔːs]	Ausbildung(sgang)	When you finish school, do you want to go to university or start a **training course**?
cashier [kæ'ʃɪə]	Kassierer/in	the **cashier** 

(to) **walk a dog**	mit einem Hund spazieren gehen	**dog walking** = Hunde ausführen **dog walker** = Hundeausführer/in (to) **go for a walk** = einen Spaziergang machen (to) **take a dog for a walk** = mit einem Hund spazieren gehen *verb:* (to) **walk** – *noun:* **walk** (Spaziergang; Wanderung; Fußweg *(Weg zu Fuß)*)

Text 1

p. 26 **secondary school** ['sekəndri sku:l]	weiterführende Schule	a school for young people between the ages of 11 and 16 or 18
childcare ['tʃaɪldkeə]	Kinderbetreuung	We really love working for this company. For example, it offers **childcare** for our children.
conservation [kɒnsə'veɪʃn]	(Natur-)Schutz; Erhaltung, Bewahrung	*noun:* **conservation** – *verb:* (to) **conserve** [kən'sɜ:v] (schützen, erhalten; schonen)
internship ['ɪntɜ:nʃɪp]	Praktikum	►► work experience someone who does an internship = **intern** (Praktikant/in)
apprenticeship [ə'prentɪʃɪp]	Ausbildung, Lehre	My brother is doing an **apprenticeship** as a hairdresser. **apprentice** [ə'prentɪs] = Lehrling, Auszubildende/r

(to) **jump at** sth. [dʒʌmp]	bei etwas sofort zugreifen, *(Gelegenheit)* sofort ergreifen	If somebody offered you this job, would you think about it for a while or **jump at** the offer?
accommodation [əkɒmə'deɪʃn]	Unterkunft; Wohnung, Zimmer	We need cheap **accommodation** in Paris for three days.
host [həʊst]	Gastgeber/in	**host family** = Gastfamilie
(to) **get along (with** sb.**)**	(gut) auskommen (mit jm.), sich (gut) verstehen (mit jm.)	I **get along** well **with** my sister. = My sister and I **get along** well. (kommen gut miteinander aus / verstehen uns gut)
(to) **get used to** ['ju:st tə]	sich gewöhnen an	When we were in England, it was difficult to drive on the left, but we soon **got used to** it. ⚠ *English*: We **got used <u>to driving</u>** on the left. *German*: Wir **gewöhnten uns daran**, links **<u>zu fahren</u>**. Now I**'m used to** driving on the left. (Ich bin daran gewöhnt, ... zu fahren.)
(to) **give** (sth.) **up**	(etwas) aufgeben, aufhören (mit etwas)	Times may be hard, but I always try not to **give up**. I want to **give up** buying things I don't really need. (to) **give** sth. **up (to** sb.**)** = auf etwas verzichten, jm. etwas übergeben (to) **give up your seat to** sb.: = für jn. aufstehen (z. B. im Bus)
(to) **keep /** (to) **stay in contact (with)** ['kɒntækt]	in Kontakt bleiben (mit)	We really wanted to **keep/stay in contact with** each other, but I've never heard from them again.

p. 27	**sloth** [sləʊθ]	Faultier	
	deforestation [diːfɒrɪ'steɪʃn]	Abholzung, Entwaldung	There's a lot of **deforestation** in this area. = Lots of trees are destroyed.
	rainforest ['reɪnfɒrɪst]	Regenwald	thick forests in hot parts of the world where there is a lot of rain
	(to) **convince** [kən'vɪns]	überzeugen	She had good arguments and was very **convicing**. Still, she couldn't **convince** us. We were **convinced** that it wasn't a good idea.
	(to) **let** [let]**, let, let**	lassen	His parents **let** him go to Costa Rica. = They allowed him to go ... = He was allowed to go ...
	even though	auch wenn, obwohl *(betont)*	**Even though** it was already 9 am, it was still dark outside. *English:* He's world-famous, **even though** he isn't really an artist. *German:* ... weltberühmt, **und das, obwohl** er gar kein wirklicher Künstler ist.
	vaccination [væksɪ'neɪʃn]	(Schutz-)Impfung	These **vaccinations** will protect you against several dangerous diseases.

both ... and ...	sowohl ... als auch ...	I like **both my sisters**. (meine beiden Schwestern) I like **both** Anne **and** Julia. (sowohl Anne als auch Julia)
(to) **check** sb./sth. **out** *(infml)*	sich etwas anschauen, an-hören; etwas ausprobieren	They say the band's new CD is awesome. I must **check** it **out** / **check** the band **out**.
scam [skæm]	Schwindel, Betrug	A bike like this for £300? Sold online? Forget it. I'm sure it's a **scam**.
welcome ['welkʌm]	Empfang; Willkommen	(to) give sb. a warm/great **welcome** = jn. herzlich begrüßen (to) get a warm/great **welcome** = herzlich begrüßt werden *noun:* **welcome** – *verb:* (to) **welcome** sb. **(to)** (jn. begrüßen (in), jn. willkommen heißen (in))
(to) **carry on with** sth. **/ doing** sth. [kæri 'ɒn]	weitermachen, fortfahren (mit etwas)	I didn't feel very well, but I **carried on with** my work. ... but I **carried on working**.
occasional [ə'keɪʒənl]	gelegentliche(r, s)	*adjective:* **occasional** We only make **occasional** visits to the zoo. – *adverb:* **occasionally** (gelegentlich, ab und zu) We only go to the zoo **occasionally**. – *noun:* **occasion** [ə'keɪʒn] (Gelegenheit; Ereignis, Anlass) We've only been to the zoo on a few **occasions**.

donkey ['dɒŋki]	Esel	

Introduction

p. 28	**expat** ['ekspæt] *(infml)* **(= expatriate** [eks'pætriət]**)**	im Ausland Lebende/r; im Ausland lebend	They're German, but they live in Scotland. = They're German **expats** in Scotland.
	(to) **attract** [ə'trækt]	anziehen, anlocken	London **attracts** millions of tourists every summer. *verb:* (to) **attract** – *adjective:* **attractive** [ə'træktɪv] (attraktiv) – *noun:* **attraction** [ə'trækʃn] (Attraktion; Anziehungskraft)
	certain ['sɜːtn]	gewiss, bestimmt; sicher	*adjective:* **certain** It is **certain** that ... (sicher) A **certain** Mr Miller phoned. (ein gewisser ...) – *adverb:* **certainly** This is **certainly** no easy task, but I'll do my best. (sicher(lich), gewiss)
	honest ['ɒnɪst]	ehrlich	*adjective:* **honest** Thank you for being so **honest** with me. To be **honest**, I don't know. (Um ehrlich zu sein, ...) *adverb:* **Honestly**? Why not? (Ehrlich? / Echt?) – *noun:* **honesty** ['ɒnəstɪ] (Ehrlichkeit) Thank you for your **honesty**.

	punctual ['pʌŋktʃuəl]	pünktlich	►► on time
	teabag ['tiːbæg]	Teebeutel	**teabags** 
	habit ['hæbɪt]	(An-)Gewohnheit	►► something you do regularly Eating too many sweets is a bad **habit**.
p. 29	**photography** [fə'tɒgrəfi]	Fotografie *(Hobby)*, *(das)* Fotografieren ⚠	Betonung auf der 2. Silbe: pho<u>to</u>graphy [fə'tɒgrəfi]
	Good luck. [lʌk]	Viel Glück!	*noun:* **luck** (Glück *(glückliche Fügung)*) – *adjective:* **lucky** (Glücks-, glücklich) – *adverb:* **luckily** ['lʌkɪli] (glücklicherweise) ►► fortunately
	prediction [prɪ'dɪkʃn]	Vorhersage, Voraussage	*noun:* **prediction** Can you **make a prediction** about how much time this will take? – *verb:* (to) **predict** [prɪ'dɪkt] (vorhersagen, voraus-sagen) Can you **predict** how much time this will take?
	spontaneous [spɒn'teɪniəs]	spontan	It was a **spontaneous** decision to go to Brighton for the day. = We went to Brighton **spontaneously**.

Skills training

p. 30	**first aid** [fɜːst 'eɪd]	Erste Hilfe	⚠ **first aid** = Erste Hilfe **first-aid certificate** = Erste-Hilfe-Schein
	foreign ['fɒrən]	ausländisch; fremd	►► from another country **foreign language** = Fremdsprache
	(to) **deal with** sb./sth. [diːl], **dealt, dealt** [delt]	sich um jn./etwas kümmern, sich mit jm./einer Sache befassen, etwas behandeln *(z. B. Thema)*	Let's **deal with** this problem first and think about everything else later. The film **deals with** the life of John Lennon.
	helpful ['helpfl]	hilfsbereit; hilfreich, nützlich	I had huge problems, so I phoned my best friend. She was really **helpful**. Here are some **helpful** tips for your exam.
	organizational [ɔːgənaɪ'zeɪʃənl]	organisatorisch	*adjective:* **organizational** – *verb:* (to) **organize** – *nouns: (what you do / a company)* **organization**; *(person)* **organizer**
	personal statement [pɜːsənl 'steɪtmənt]	persönliche Beschreibung, Selbstbeschreibung	**statement** = Aussage(satz)
	communication [kəmjuːnɪ'keɪʃn]	Kommunikation, Verständigung	*noun:* **communication** – *verb:* (to) **communicate** – [kə'mjuːnɪkeɪt] (kommunizieren)
	decision-making [dɪ'sɪʒn meɪkɪŋ]	Entscheidungsfindung	**decision-making skills** *(pl)* = Entscheidungsfähigkeit

	tool [tuːl]	Werkzeug; (Hilfs-)Mittel	**tools** 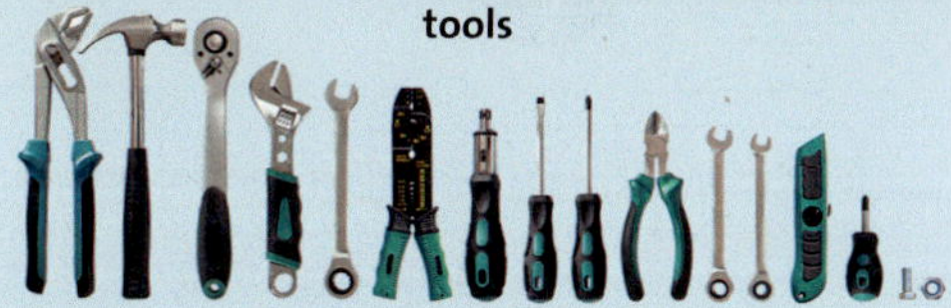
	strength [streŋθ]	Stärke, Kraft	One of my **strengths** is that I speak three languages. **strength ◄► weakness** **strong ◄► weak**
p. 31	**flexible** ['fleksəbl]	flexibel	⚠ Betonung auf der 1. Silbe: **flex**ible ['fleksəbl]
	(working) hours *(pl)*	Arbeitszeit(en)	Cooks have long **working hours** – sometimes 14 hours a day. **opening hours** *(pl)* = Öffnungszeiten (to) **work long hours** = lange arbeiten, Überstunden machen (to) **work nights** = nachts arbeiten
	reservation [rezə'veɪʃn]	Reservierung, Buchung	*noun:* **reservation** – *verb:* (to) **reserve** [rɪ'zɜːv] (reservieren)
	staff [stɑːf]	Personal, Belegschaft; Kollegium *(Schule)*	all the people working for a company, organization, etc. **staff manager** = Personalchef/in
	attn (= for the attention of)	zu Händen / z. Hd. *(in einer Adresse, an eine bestimmte Person in einer Firma)*	You can write to your local council, **attn** Ms Eve Miller, Mayor.

(to) **require** [rɪ'kwaɪə]	erfordern, benötigen	This isn't an easy task. It **requires** a lot of thinking. *verb:* (to) **require** – *noun:* **requirement** [rɪ'kwaɪəmənt] (Voraussetzung, Anforderung)
patience ['peɪʃns]	Geduld	*noun:* **patience** – *adjective:* **patient**
(to) **attach (to)** [ə'tætʃ]	anfügen; anhängen (an) *(Brief, E-Mail)*	Can you send me an email and **attach** the photos? I'm **attaching** some photos of Ashley's party. *verb:* (to) **attach** – *noun:* **attachment** [ə'tætʃmənt] (Anhang *(E-Mail)*)
(to) **provide** [prə'vaɪd]	(an)bieten, zur Verfügung stellen	Food and accommodation **provided**. (Essen/ Verpflegung und Unterkunft werden (zur Verfügung) gestellt.)
reference ['refrəns]	Referenz, Empfehlung; jd., der eine Referenz erteilt	I gave my coach and my maths teacher as **references**.
greeting ['griːtɪŋ]	Gruß(formel), Begrüßung	"**Greetings** from Inverness! We're having a great time." "Hi" and "hello" are informal **greetings**.
(to) **sign** [saɪn]	unterschreiben	*verb:* (to) **sign** – *noun:* **signature** ⚠ **sign** = **1.** Schild, Zeichen; **2.** unterschreiben
introductory [ɪntrə'dʌktəri]	einführend, einleitend	*adjective:* **introductory** – *noun:* **introduction** – *verb:* (to) **introduce (**sb. **to** sb./sth.**)**

	available [ə'veɪləbl]	verfügbar; erhältlich; *(Stelle)* frei	These dresses are **available** in six different colours. If a person is **available**, they have time to see you or to speak to you. (to) be **available** = zur Verfügung stehen, Zeit haben
	lifeguard ['laɪfgɑːd]	Rettungsschwimmer/in; Bademeister/in	The **lifeguards** at a beach watch people who are swimming in the sea and help them if they are in danger.
	life-saving ['laɪf seɪvɪŋ]	Rettungsschwimmen	the skills you need to save people who are in water from drowning
p. 32	(to) **arrange** [ə'reɪndʒ]	arrangieren, planen; (an)ordnen	*verb:* (to) **arrange** – *noun:* **arrangement** [ə'reɪndʒmənt] (Abmachung, Vereinbarung)
	(job) interview ['dʒɒb ɪntəvjuː]	Vorstellungsgespräch ⚠	**interview** = **1.** Interview; **2. (= job interview)** Vorstellungsgespräch *noun:* **(job) interview** – *verb:* (to) **interview** (befragen, interviewen; ein Vorstellungsgespräch führen)
	approximately [ə'prɒksɪmətli] *(kurz auch:* **approx** [ə'prɒks]*)*	ungefähr	**approximately** three hours = about three hours
	(to) **attend** [ə'tend]	(hin)gehen zu, teilnehmen (an); besuchen	(to) **attend** (a) school = (to) go to (a) school
	(to) **ensure** [ɪn'ʃʊə]	sicherstellen, gewährleisten	►► (to) make sure
	(to) **inform** sb. **(about/of** sth.**)** [ɪn'fɔːm]	jn. (über etwas) informieren	We'd like to **inform** you **of/about** some changes in our company which will be introduced in July.

(to) **receive** [rɪ'siːv]	erhalten, empfangen	a more formal word for **get** **receive a letter ◄► send a letter**
suitable (for) ['suːtəbl]	geeignet, passend (für)	Shorts aren't **suitable** clothes for a job interview. Who is the most **suitable** person for this job? = Who will do this job best?
(to) **catch** sth.	verstehen *(hören können)*, mitbekommen	There was so much noise, I didn't **catch** half of what she was saying. ⚠ (to) **catch** = **1.** verstehen *(hören können)*, mitbekommen; **2.** (ein)fangen; erwischen; nehmen *(z. B. Zug, Bus)*

Text 2

p. 33 **professor (of)** [prə'fesə]	Professor/in (für)	She's a **professor of** medicine at Edinburgh University.
biochemistry [baɪəʊ'kemɪstri]	Biochemie	*nouns: (science:)* **biochemistry**; *(person:)* **biochemist** (Biochemiker/in) – *adjective:* **biochemical** (biochemisch) ⚠ Betonung auf der 3. Silbe: [baɪəʊ'kemɪstri], [baɪəʊ'kemɪst], [baɪəʊ'kemɪkl]
diary ['daɪəri]	Tagebuch; Kalender	Friday? OK. Let me put this in my **diary**. (Kalender) I **keep a diary**. = I write something in my **diary** every day, for example special things that happened. (Tagebuch, Tagebuch führen)

p. 33	(to) **turn (over)** the page(s) [tɜːn]	umblättern (in einem Buch)	**turning over** the pages in a diary 
	crinkly ['krɪŋkli]	zerknittert; faltig *(Haut)*	 **crinkly** paper
	(to) **be supposed to** be/do sth. [sə'pəʊzd]	etwas sein sollen / etwas tun sollen	We**'re** not **supposed to** eat in class, but some of us do. I haven't heard their new CD yet, but it**'s supposed to** be really good.
	waste [weɪst]	Verschwendung	*noun:* **waste** This is a **waste** of time. I'm leaving. – *verb:* (to) **waste** (verschwenden) I don't want to **waste** my time like this.
	(to) **guess** [ges]	(er)raten	

(to) **guess / guess**

verb: (to) **guess**
Guess what I did! (Rate mal, was ...)
I guess I'll leave school next year.
(Ich nehme an, ... / Ich glaube, ...)
Guess what! (Stell dir / Stellt euch (mal) vor!)

noun: **guess** (Vermutung)
Make/Have/Take a **guess**! (Rate mal!)
My **guess** is that he'll leave school next year.
I'll give you three **guesses**. (Dreimal darfst du raten.)

television ['telɪvɪʒn]	Fernsehen	►► TV
attic ['ætɪk]	Dachboden	⚠ *English:* **in the attic** *German:* **auf** dem Dachboden
more than ever	mehr als jemals zuvor	We need environment-friendly forms of transport **more than ever**! We have to change our habits NOW!
mechanical [mɪ'kænɪkl]	mechanisch, Maschinen-	The plane had **mechanical** problems and had to stay on the ground.
inspector [ɪn'spektə]	Inspektor/in, Kontrolleur/in	The safety **inspector** checked the plane and found the problem.
He knew how to put it together again **all right.**	Er wusste sehr wohl / nur zu gut, wie man es wieder zusammenbaut.	Do you think I'm stupid? I know how to do this **all right**, thank you!
large [lɑːdʒ]	groß	Eight brothers and sisters? What a **large** family! ⚠ You don't use **large** to describe people. People are **tall** *(groß)*, **big** *(dick, schwer)* or **great** *(bedeutend, angesehen)*.
ugly ['ʌgli]	hässlich	►► not nice to look at, not pretty/beautiful
slot [slɒt]	Schlitz, Öffnung; (Karten-) Einzug	putting a card in a **slot** 

	test paper ['test peɪpə]	Prüfungsarbeit	At the end of the lesson our teacher collected all our **test papers**.
	(to) **write** sth. **out**	etwas ausstellen, (ins Reine) schreiben	We've reserved the room for next Tuesday and will **write out** a confirmation for you.
	(to) **punch** [pʌntʃ]	lochen, stanzen	**punch code** = Stanzcode *(Code mit Lochkarten)*
	(to) **calculate** ['kælkjuleɪt]	berechnen, kalkulieren	Let's **calculate** how much money we'll need for a two-week camping holiday.
	mark [mɑːk]	(Schul-)Note, Zensur ⚠	**mark** = **1.** (Schul-)Note, Zensur; **2.** Markierung; Zeichen; **3.** (to) **mark** = kennzeichnen, markieren
	sector ['sektə]	Sektor, Bereich	►► a part, a (certain) area
p. 34	(to) **slow** sb./sth. **down** [sləʊ 'daʊn]	jn./etwas langsamer machen, jn. aufhalten, etwas verlangsamen	►► (to) make (sb./sth.) slower *verb:* (to) **slow** sth. **down** – *adjective:* **slow**
	satisfactory [sætɪs'fæktəri]	zufriedenstellend	►► OK; good enough
	altogether [ɔːltə'geðə]	insgesamt	£2.50 and £3.50, that's £6 **altogether**. (macht zusammen ...)
	superior (to sb./sth.**)** [suː'pɪəriə]	(jm./einer Sache) überlegen; hervorragend	**superior** apartments = Luxuswohnungen *(Werbesprache)* The new phone is **superior** to the older model in so many ways.

(to) **adjust (to)** [ə'dʒʌst]	(sich) einstellen (auf); (sich) anpassen (an)	I have to **adjust to** living without a car. (... mich einstellen auf ...) Would you **adjust** your behaviour to help the environment? (... dein Verhalten anpassen, um ...)
just the same / all the same	trotzdem	►► anyway It's raining, but I'll go by bike **all the same / just the same**.
this way / that way	so, auf diese/jene Art	

way ("Art und Weise")

Try to present your topic **in an interesting way**.	auf eine interessante Art und Weise
In this way, you will make sure that everyone enjoys your talk.	auf diese Weise
I like **the way** Oliver ended his talk.	die Art und Weise, wie ...
John is like his father **in some/many ways**.	in mancher/vielerlei Hinsicht

right next to ...	gleich/direkt neben ...	**right** from the start = gleich/direkt von Anfang an **right** then = genau dann ⚠ **right** = **1.** richtig; **2.** (nach) rechts; **3.** *(das)* Recht; **4.** gleich, direkt *(Adverb)*
(to) **be on**	an sein *(eingeschaltet)*	The light is still **on**. Please **turn** it **off**. (ausschalten) It's too dark when the lights are **off**. Please **turn** them **on**. (einschalten)

	(to) **light** [laɪt]**, lit, lit** [lɪt]	anzünden	(to) **light up** = aufleuchten (to) **light a fire** = (ein) Feuer machen
p. 35	**fraction** ['frækʃn]	Bruch(zahl); Bruchteil	1/2, 1/3 and 1/4 are **fractions**. If you buy it online, it sometimes costs only a **fraction** of what it costs in the shops. (= much less than what it costs in the shops)
	sigh [saɪ]	Seufzer	*noun:* **sigh** "All right," she said with a **sigh**. – *verb:* (to) **sigh** (seufzen) "All right," she **sighed**.
	schoolyard *(AE)* ['sku:ljɑ:d]	Schulhof	►► *BE* **(school) playground** ['pleɪgraʊnd]
	in the old days	früher	**In the old days** there were no cars. People walked or rode horses.
	human ['hju:mən]	menschlich; Mensch	**human rights** *(pl)* = Menschenrechte

Skills training

p. 36	(to) **translate** [træns'leɪt]	übersetzen	*verb:* (to) **translate** – *noun:* **translation** [træns'leɪʃn] (Übersetzung)
	self-employed [self ɪm'plɔɪd]	selbstständig, freiberuflich	not employed by a company, but working for yourself
	graphic designer [græfɪk dɪ'zaɪnə]	Grafiker/in, Grafikdesigner/in	Which **graphic designer** designed your brochures? They're great!
	(to) **motivate** ['məʊtɪveɪt]	motivieren	*verb:* (to) **motivate** – *noun:* **motivation** [məʊtɪ'veɪʃn] (Motivation)

discussion [dɪ'skʌʃn]	Diskussion	*noun:* **discussion** – *verb:* (to) **discuss**

Study skills

p. 37	(to) **get** sb.'s **attention** [ə'tenʃn]	js. Aufmerksamkeit erregen, gewinnen	(to) **keep** sb.'s **attention** = js. Aufmerksamkeit aufrecht erhalten

Collocations: Which verb?

You **bear**	something **in mind**.
You **come**	**of age.**
You **do**	an **apprenticeship** / an **internship** / a **training course** / **work experience**.
You **get**	sb.'s **attention** / a **warm welcome**.
You **give**	sb. a **warm welcome**.
You **have**	**breakfast/lunch/dinner** / a **shower**.
You **keep**	sb.'s **attention**.
You **make**	a **decision** / a **prediction** / a **reservation**.
You **take**	a **break** / a **photo** / sb.'s **temperature**.
You **work**	long **hours**.

audience ['ɔːdiəns]	Publikum; Zuschauer/innen, Zuhörer/innen	At the end of the concert the **audience** stood up and cheered for a long time.
statistic [stə'tɪstɪk]	statistische Tatsache, statistische Größe	⚠ **statistic** = statistische Tatsache, statistische Größe; **statistics** *(pl)* = Statistik(en)
unusual [ʌn'juːʒʊəl]	ungewöhnlich	**usual** ◄► **unusual**
rhetorical question [rɪtɒrɪkl 'kwestʃən]	rhetorische Frage	a question to which no answer is expected
(to) **expect** [ɪk'spekt]	erwarten	I'm surprised. I wouldn't have **expected** this result. You can't **expect** small children to be able to read.

quote [kwəʊt]	Zitat		*noun:* **quote** – *verb:* (to) **quote** (zitieren)
pilot ['paɪlət]	Pilot/in	⚠	Achte auf Betonung und Aussprache: ['paɪlət]
(to) **succeed** [sək'siːd]	Erfolg haben		*verb:* (to) **succeed** – *noun:* **success** – *adjective:* **successful** (to) **succeed in doing** sth. = es schaffen, etwas zu tun
anonymous (= anon.) [ə'nɒnɪməs]	anonym	⚠	an **anonymous** person = his/her name is not known Betonung auf der 2. Silbe: a**no**nymous [ə'nɒnɪməs]
focus (on) ['fəʊkəs], *pl* **focuses** *or* **foci** ['fəʊsaɪ]	Mittelpunkt, Hauptpunkt, Schwerpunkt		*noun:* **focus** – *verb:* (to) **focus** (on) (sich konzentrieren (auf)) **focus of attention** = Zentrum der Aufmerksamkeit
prop [prɒp]	Requisite		

Your task

p. 39 **colleague** ['kɒliːg]	Kollege/Kollegin	⚠	Betonung auf der 1. Silbe: **colleague** ['kɒliːg]

sustainability [səsteɪnə'bɪləti]	Nachhaltigkeit	*noun:* **sustainability** – *adjective:* **sustainable**

Unit 3 – The digital age

pp. 42/43	**critical (of)** ['krɪtɪkl]	kritisch (gegenüber)	*adjective:* **critical** – *verb:* (to) **criticize** – *nouns:* (person) **critic**; (what you express when criticizing) **criticism** ['krɪtɪsɪzəm] *English:* **critic** = *German:* **Kritiker/in** *English:* **criticism** = *German:* **Kritik**
	(to) **evaluate** [ɪ'væljueɪt]	beurteilen, bewerten, einschätzen	*verb:* (to) **evaluate** – *noun:* **evaluation** [ɪvælju'eɪʃn] (Beurteilung, Bewertung, Einschätzung)
	device [dɪ'vaɪs]	Gerät, Apparat	A clock is a **device** that tells you the time.
	irony ['aɪrəni]	Ironie ⚠	Betonung auf der 1. Silbe: irony ['aɪrəni] *noun:* **irony** – *adjective:* **ironic** [aɪ'rɒnɪk] (ironisch) – *adverb:* **ironically**
	(to) **address** sth. [ə'dres]	etwas angehen, sich mit etwas befassen; etwas zur Sprache bringen	Even if you don't like it, I really want to **address** this problem. (= talk about this problem)
	issue ['ɪʃuː]	Thema, Anliegen; Problem, (Streit-)Frage ⚠	Bullying is a big **issue** at a lot of schools. **issue** = **1.** Thema, Anliegen; Problem, (Streit-)Frage; **2.** Ausgabe, Ausstellung *(z. B. Dokument)*; **3.** (to) **issue** = ausgeben, ausstellen *(z. B. Dokument)*

Text 1

p. 44	(to) **log on/off** [lɒg 'ɒn], [lɒg 'ɒf]	(sich) ein-/ausloggen		►► (to) **log in(to)/out**
	(to) **exist** [ɪg'zɪst]	existieren		Do you believe that life **exists** on Mars? *verb:* (to) **exist** – *noun:* **existence** [ɪg'zɪstəns] (Existenz)
	detox *(infml)* ['diːtɒks]	Entzug(sprogramm)	⚠	**detox** is short for **detoxification** [diːtɒksɪfɪ'keɪʃn] (Entgiftung)
	(to) **be tired of** sth. ['taɪəd]	die Nase voll haben von etwas		**I'm** really **tired of** your stupid excuses! Just get the job done.
	version ['vɜːʃn]	Version	⚠	Betonung auf der 1. Silbe: **ver**sion ['vɜːʃn]
	(to) **get /** (to) **be /** (to) **feel fed up (with)** [fed 'ʌp]	genervt sein, die Nase voll haben (von)		►► (to) be tired of sth.
	(to) **pop up** [pɒp 'ʌp]	aufpoppen *(z. B Computer-Fenster)*; (plötzlich) auftauchen; aus dem Boden schießen		I hate it when I just want to look up something online, and lots of ads **pop up**.
	inappropriate [ɪnə'prəʊpriət]	unangemessen, unpassend, ungeeignet		**inappropriate** ◄► **appropriate** (angemessen, passend, geeignet) You need **appropriate** clothes for a job interview. Your behaviour was **inappropriate**. You should apologize.

	(to) **go to sleep**	einschlafen; schlafen gehen	►► (to) fall asleep; (to) go to bed
	(to) **scroll (up/down)** [skrəʊl]	(hoch-/runter)scrollen	"For the French version, please **scroll down** to the bottom of the page."
	way more interesting *(infml)*	viel interessanter, weit(aus) interessanter	I think live music is **way** cooler than MP3 music.
	(to) **lose touch (with** sb./sth.**)**	den Kontakt (zu jm./etwas) verlieren	**in touch with** = in Kontakt mit (to) **get in touch** (with) = (sich) in Verbindung setzen (mit), Kontakt aufnehmen (zu) If you come to York, **get in touch with** me. (to) **keep /** (to) **stay in touch** (with) = in Verbindung/ Kontakt bleiben (mit) We live 600 miles apart, but we've **stayed/kept in touch**.
	(to) **go on**	geschehen, vor sich gehen	Someone was shouting, but I didn't know what was **going on**.
	membership ['membəʃɪp]	Mitgliedschaft	►► when you're a member *(e.g. of a club)*
	(to) **build up** [bɪld 'ʌp]	(sich) aufbauen	A storm **built up**. (baute sich auf) My grandpa **built up** this company. (baute ... auf)
	following ['fɒləʊɪŋ]	Anhängerschaft	►► all the supporters; all the people who follow sb., e.g. on social media
p. 45	(to) **hack** [hæk]	hacken	(to) **hack into a system / a computer** = in ein System eindringen; sich in einen Computer einhacken

sort (of) [sɔːt]	Art (von)	►► kind (of); type (of) What **sort of** music do you like? They had some **sort of** problem. (... irgendwie ein Problem) all **sorts of** things (lauter Dinge, alles Mögliche)
jealous (of) ['dʒeləs]	neidisch (auf); eifersüchtig	You get so much pocket money! I'm really **jealous**. She was **jealous of** her baby brother. She thought her parents loved him more. 
(to) **shut** [ʃʌt]**, shut, shut**	schließen, verschließen	(to) **shut** sth. **down** = etwas schließen, stilllegen, abschalten
(to) **speak out**	sich äußern, seine Meinung äußern	You can't change things if you don't **speak out**.
despite [dɪ'spaɪt]	trotz	**despite** the dangers = **although/though** it is/was dangerous
(to) **keep up with**	sich auf dem Laufenden halten über; Schritt halten mit	I've stopped going jogging with my older brother. He's too fast for me, and I can't **keep up with** him.
It's me that tells her ...	und (ausgerechnet/nur) ich sage ihr ... (**me** *betont)*	**It's** always **me that** helps Jim with his homework! **It was** because of **Jackie that** we had these problems.

	(to) **sign in** [saɪn 'ɪn] (to) **sign out** [saɪn 'aʊt]	sich anmelden, sich ein-tragen sich abmelden, sich aus-tragen	"Click here to set up an account. If you're a customer already, click here to **sign in**." 
	status ['steɪtəs]	Status	Do you provide personal information, e.g. hometown or relationship **status**, on social media?

Introduction

p. 46	(to) **influence** ['ɪnfluəns]	beeinflussen	Even today, the Beatles still **influence** musicians all over the world. *verb:* (to) **influence** – *nouns:* **influence** (Einfluss) / *(person:)* **influencer**
p. 47	(to) **promote** [prə'məʊt]	Werbung machen für; fördern, unterstützen	These products have been **promoted** in online pop-up ads. (Werbung machen für) We should **promote** people's interest in environ-mental issues. (fördern, unterstützen) She was **promoted** to CEO last year. (befördern)

	(to) **whisper** ['wɪspə]	flüstern	He was scared. "There's someone at the door," he **whispered**. *verb:* (to) **whisper** – *noun:* **whisper** (*(das)* Flüstern, Geflüster)
p. 48	**whether** ['weðə]	ob	►► if I don't know **whether** this is correct. (= if this is correct)
	password ['pɑːswɜːd]	Passwort	"To sign in, please enter your name and **password**."
	request [rɪ'kwest]	Wunsch, Bitte; Anfrage	*noun:* **request** – *verb:* (to) **require**
	order ['ɔːdə]	Befehl ⚠	*noun:* an **order** = **1.** ein Befehl; **2.** eine Bestellung – *verb:* (to) **order** = **1.** bestellen; **2.** (to) **order** sth./sb. **to do** sth. = etwas anordnen; jm. befehlen, etwas zu tun
	(to) **advise** [əd'vaɪz]	empfehlen; (be)raten; informieren	*verb:* (to) **advise** – *noun:* **advice**
	sensible ['sensəbl]	vernünftig; praktisch, zweckmäßig	**sensible shoes** = vernünftige (= bequeme, robuste) Schuhe *adjective:* **sensible** – *noun:* **sense** (Sinn; Vernunft)

Skills training

p. 49	**electronic** [ɪlek'trɒnɪk]	elektronisch	*adjective:* **electronic** – *adverb:* **electronically** – *noun:* **electronics** *(pl)*

(to) **set** sth. **(to)** [set]	etwas einstellen (auf)	If you don't want your phone to wake you up at night, switch it off or at least **set it to** "quiet".
airplane ['eəpleɪn]	Flugzeug	►► plane
mode [məʊd]	Modus; Art	Don't leave your devices on standby **mode** at night – switch them off to save electricity. (Modus) Which **mode** of communication do you prefer? (Art)
take-off ['teɪk ɒf]	Start *(Flugzeug)*	**take-off**   **landing**
20% **off** (on) headphones [ɒf]	20% Preisnachlass auf Kopfhörer	Only today! 50% **off** all T-shirts! = All T-shirts **(at) half price**! (zum halben Preis)
electronics *(pl)* [ɪlek'trɒnɪks]	Elektronik; elektronische Geräte	
department [dɪ'pɑːtmənt]	Abteilung	A department store is a huge shop with many different **departments**.
sale [seɪl]	Verkauf; Schlussverkauf *(Verkauf zu ermäßigten Preisen)*	They want to **sell** their house. = Their house is **for sale**. (zu verkaufen) 

coach [kəʊtʃ]	(Eisenbahn-)Wagen ⚠	**coach** = **1.** (Eisenbahn-)Wagen; **2.** (Reise-)Bus; **3.** Trainer/in
context ['kɒntekst]	Zusammenhang	What does 'get' mean? – It has lots of meanings. Show me the word in **context**.

Text 2

p. 50 (to) **harness** ['hɑːnɪs]	nutzen, nutzbar machen	We can **harness** water, wind or sunlight as sources of energy.
official [ə'fɪʃl]	offiziell	You can see the logo of the **official** sponsor of a team on the team shirts. **official language** = Amtssprache
(to) **be based on** [beɪst]	basieren auf, beruhen auf, sich stützen auf	Is this statement just your personal opinion or is it **based on** facts?
annual ['ænjuəl]	jährlich	an **annual** fee = a fee which you have to pay once a year an **annual** event = an event that takes place once a year
windmill ['wɪndmɪl]	Windmühle, Windrad	**mill** = Mühle 

(to) **pump** [pʌmp]	pumpen	*verb:* (to) **pump** – *noun:* **pump** (Pumpe)
scrapyard ['skræpjɑːd]	Schrottplatz	
bicycle ['baɪsɪkl]	Fahrrad	►► bike
clothes line ['kləʊðz laɪn]	Wäscheleine	When the weather is nice, we hang washed clothes on the **clothes line** in the garden to dry.
handle ['hændl]	Griff, Handgriff	a **door handle** 
rung [rʌŋ]	Sprosse *(einer Leiter)*	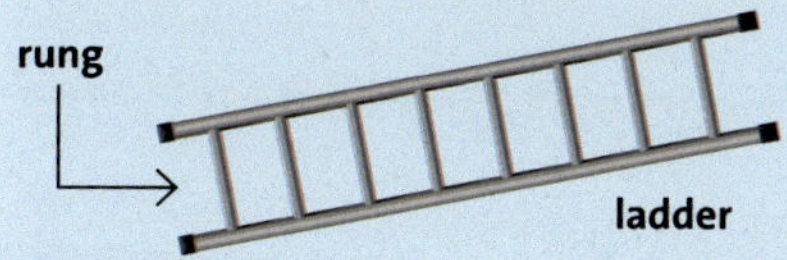
ladder ['lædə]	*(die)* Leiter	
(to) **guide** [gaɪd]	führen, leiten	*verb:* (to) guide – *noun:* **guide** = **1.** *(person)* **(tour guide)** Reiseleiter/in, Fremdenführer/in; **2.** *(book)* Reiseführer; Ratgeber
p. 51 (to) **reply (to)** [rɪ'plaɪ]	antworten (auf)	►► (to) answer *verb:* (to) **reply** – *noun:* **reply** (Antwort)

p. 51	(to) **swing** [swɪŋ], **swung, swung** [swʌŋ]	schwingen	There were strong winds, and the plane **swung** from side to side as we were landing. I was terrified!
	blade [bleɪd]	(Rotor-)Blatt, (Turbinen-)Schaufel	Small planes have engines with two or more **blades**.
	close (to) [kləʊs]	nahe (bei, an)	Many people don't like it if you stand too **close to** them. ⚠ Aussprache: (to) **close** (Verb: *schließen*) [kləʊz] – **close** (Adjektiv: *nahe*) [kləʊs]
	(to) **secure** sth. [sɪ'kjuə]	(sich) etwas sichern; sicher-stellen	*verb:* (to) **secure** – *adjective:* **secure** (sicher, gesichert)
	in place	an Ort und Stelle	I put the note on the table in the garden and a stone on top to keep it **in place**. (= so that the wind couldn't blow it away)
	wooden ['wʊdn]	Holz-, hölzern	►► made of **wood**
	(to) **tighten** ['taɪtn]	anziehen (z. B Schraube), straff ziehen; verschärfen (z. B. Maßnahme)	►► (to) make (sth.) **tighter** *verb:* (to) **tighten** – *adjective:* **tight: 1.** fest, straff; streng – **2.** knapp, eng (anliegend) *(Kleidung)*
	within [wɪ'ðɪn]	innerhalb (von), in	We have to finish our project **within** two weeks. The station is **within walking distance**. (in fuß-läufiger Entfernung, fußläufig erreichbar)
	dozen ['dʌzn], *pl* **dozen**	Dutzend	⚠ two **dozen** eggs = zwei Dutzend Eier *but* **dozens** of people = dutzende Leute

base [beɪs]	Basis; Sockel, Fuß; Boden *(Kuchen, Pizza)*	the bottom part (e.g. of a lamp, ladder, cake); what something is based on
electric [ɪ'lektrɪk]	elektrisch, Elektro-	I play the **electric** guitar in our rock band.
impossible [ɪm'pɒsəbl]	unmöglich	It's **impossible** to run a mile in two minutes. **impossible ◄► possible**
(to) **stand back (from)**	zurücktreten (von) *(Schritte nach hinten machen)*	"The train is arriving. Please **stand back from** the platform edge."
copper ['kɒpə]	Kupfer	a pot made of **copper** 
socket ['sɒkɪt]	Steckdose, Anschluss(dose)	a British power **socket** 
wide [waɪd]	breit, weit; weit geöffnet *(Augen)*	The river is too **wide**. We can't get across. Her eyes were **wide**. = Ihre Augen waren weit geöffnet/aufgerissen.
second ['sekənd]	Sekunde	There are 60 **seconds** in a minute.
just as many children [dʒʌst]	genauso viele Kinder	You look **just like** your father. (genau wie ...)
(to) **beg** [beg]	flehen, (eindringlich) bitten; betteln	(to) **beg** sb. **to do** sth. = jn. anflehen, etwas zu tun (to) **beg for** sth. (**from** sb.) = (bei jm.) um etwas betteln

	(to) **free** [friː]	befreien	*verb:* (to) **free** – *adjective:* **free** – *noun:* **freedom**
p. 52	**miracle** ['mɪrəkl]	Wunder	What a terrible accident! It's a **miracle** that nobody was seriously hurt.
	(to) **flicker** ['flɪkə]	flackern; flimmern	These lamps aren't broken. They always **flicker** at first when you switch them on.
	(to) **burst** [bɜːst], **burst, burst**	brechen, bersten, platzen	The kids were frightened when the balloon **burst**.
	dizzy ['dɪzi]	schwindelig	**I feel dizzy.** = Mir ist schwindelig.
	disbelief [dɪsbɪ'liːf]	Unglaube(n), Ungläubigkeit	*nouns:* **disbelief** ◂▸ **belief** (Glaube, Überzeugung) *verbs:* (to) **not believe** sth. ◂▸ (to) **believe** sth.
	(to) **clap (your hands)** [klæp]	(in die Hände) klatschen	It was a great concert. At the end everyone **clapped**.
	(to) **doubt** [daʊt]	(be)zweifeln	*verb:* (to) **doubt** – *noun:* **doubt** (Zweifel) I don't **doubt** that you're right. No **doubt** you're right. (ohne Zweifel, zweifellos)
	(to) **go bigger**	größer werden	After a while their business **went bigger**. (= grew bigger, became more successful)

German "werden"

Man verwendet am häufigsten (to) **get** und (to) **become**. Das Verb (to) **get** ist etwas umgangssprachlicher.	(to) **get** / (to) **become** angry/tired/nervous/old/ill/... cold/windy/dark/... exciting/boring/funny/more interesting/...
⚠ Vor Nomen kann nur (to) **become** stehen:	She **became** a doctor / a singer / a successful boxer / ...

(to) **go** wird oft verwendet: – bei Farbveränderungen: – bei Verschlechterungen:	 (to) **go** red/brown/green/... (to) **go** bad *(food)* (to) **go** hard *(bread)* (to) **go** crazy	 rot/braun/grün/... werden schlecht werden hart werden verrückt werden
(to) **come** bedeutet in einigen feststehenden Ausdrücken „werden“:	(to) **come** of age (to) **come** true: Will your dreams **come true**? (to) **come** alive: History **comes alive** in our museum!	volljährig werden wahr werden lebendig werden, (wieder) aufleben
(to) **grow** bedeutet „allmählich werden“	(to) **grow** old, (to) **grow** bigger, (to) **grow** closer to sb.	

Skills training

	(to) **turn** (sth.) **on/off**	(etwas) ein-/ausschalten; sich ein-/ausschalten	►► (to) switch (sth.) on/off
p. 53	(to) **stream** [stri:m]	streamen	**streaming service** = Streamingdienst
	stereo ['steriəʊ]	Stereo-; Stereoanlage	 a **stereo**
	(to) **press** [pres]	drücken	**pressing** a **button** 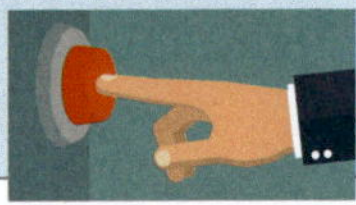
	button ['bʌtn]	Button; Schaltfläche; Knopf	

	warranty ['wɒrənti]	Garantie, Gewährleistung	The device has a one-year **warranty**. = The company which sells the device will repair or replace it if it breaks within one year after you bought it.
	(to) **affect** [ə'fekt]	beeinflussen, betreffen, sich auswirken auf	Climate change will **affect** all of us. ... doesn't **affect** your consumer rights. = ... berührt nicht Ihre Rechte als Verbraucher/in. (to) **be affected by** sth. = von etwas betroffen, beeinflusst sein
	(to) **consume** [kən'sjuːm]	verbrauchen, konsumieren	*verb:* (to) **consume** – *noun:* **consumer** (Konsument/in, Verbraucher/in)
	(to) **unplug** sth. [ʌn'plʌg]	den Stecker von etwas herausziehen, etwas ausstöpseln	►► (to) pull out the plug of sth. (to) **unplug** sth. ◄► (to) **plug** sth. **in**
	(to) **reset** [riː'set]**, reset, reset**	zurücksetzen; resetten	I'll delete all my data and **reset** my laptop before I sell it.
p. 54	(to) **aim to do** sth. [eɪm]	bestrebt sein etwas zu tun, etwas tun wollen	"Thank you for your message. We **aim to reply** to all emails within 24 hours."

verbs + infinitive with "to"

I would **advise** you	**to be** careful.	Nobody **expects** you	**to know** everything.
We **aim**	**to reduce** pollution even more.	Let's **motivate** the kids	**to do** more sport.
They **arranged**	**to meet** at the theatre.	Can your boss **order** you	**to work** long hours?
Who **convinced** you	**to become** vegetarian?	We **require** you	**to fill in** and **sign** this form.
We **encouraged** him	**to apply** for the job.		

target ['tɑːɡɪt]	Ziel	I am the **target** of a lot of fashion adverts. If you want to sell something, you have to know your **target group**. **target group** = **target audience** (Zielgruppe, Zielpublikum)
lemon ['lemən]	Zitrone	
(to) **suggest** [sə'dʒest]	suggerieren	⚠ (to) **suggest** = **1.** vorschlagen; **2.** suggerieren
(to) **appeal to** sb. [ə'piːl]	für jn. attraktiv sein, jn. ansprechen	**appealing** = ansprechend *verb:* (to) **appeal** (to) – *noun:* **appeal** (Anziehungskraft, Reiz)

verbs + preposition

(to) **adjust to** sth.	sich **auf** etwas **einstellen**, sich **an** etwas **anpassen**
(to) **appeal to** sb.	**für** jn. **attraktiv sein**, jn. **ansprechen**
(to) **attach** sth. **to** an email	etwas **an** eine E-Mail **anhängen, anfügen**
(to) **beg for** sth. **from** sb.	**bei** jm. **um** etwas **betteln**
(to) **care for** sb./sth.	sich **um** jn./etwas **kümmern, auf** jn./etwas **aufpassen**
(to) **focus on** sth.	sich **auf** etwas **konzentrieren**
(to) **get along with** sb.	**gut zurechtkommen mit** jm., sich **mit** jm. **gut verstehen**
(to) **get rid of** sth.	etwas **loswerden**
(to) **inform** sb. **of/about** sth.	jn. über etwas **informieren**
(to) **jump at** sth.	**bei** etwas **sofort zugreifen**, eine Gelegenheit **sofort ergreifen**
(to) **keep up with** sb./sth.	sich **über** etwas **auf dem Laufenden halten; Schritt halten mit** jm./etwas
(to) **reply to** sth.	**auf** etwas **antworten**

sb./sth. **lacks** sth. [læk]	jm./einer Sache fehlt/ mangelt es an etwas	*verb:* (to) **lack** He's good at his job, but he's still young and **lacks** experience. – *noun:* **lack** (Mangel) The way he does certain things shows a **lack** of experience. **for lack of** ... = aus Mangel an ... I'm using this thing **for lack of** the appropriate tool.
eye-catching ['aɪ kætʃɪŋ]	auffallend, ins Auge springend	I love clothes in bright, **eye-catching** colours.
concern [kən'sɜːn]	Befürchtung, Bedenken, Sorge; Angelegenheit, Sache	*noun:* **concern** = **1.** Befürchtung, Bedenken, Sorge Workers expressed their **concern** that the factory might close. **2.** Angelegenheit, Sache This is **none of your concern**. (Das geht dich/Sie nichts an.) *verb:* (to) **concern** = **1.** beunruhigen, bekümmern Workers are **concerned** that the factory might close. **2.** betreffen, angehen Please listen carefully. This **concerns** you all.
luxury ['lʌkʃəri]	Luxus	*noun:* **luxury** – *adjective:* **luxurious** [lʌg'ʒʊəriəs] (luxuriös)

	whereas [weər'æz]	während, wohingegen	We're very different. Sam loves meat, **whereas** I'm a vegetarian.
	ingredient [ɪn'griːdiənt]	Bestandteil, Inhaltsstoff; Zutat	Look at the cake recipe and make sure you have all the **ingredients**. (= the things you need to make the cake)
	basic ['beɪsɪk]	einfach, elementar	*adjective:* **basic** We stayed at a cheap, **basic** hotel. *adverb:* **basically** (im Prinzip, grundsätzlich) **Basically** I like your idea. But I'd like to discuss some of the details. *noun:* the **basics** *(pl)* I only know the **basics** of coding.
	Why pay ...?	Warum sollte man ... bezahlen?	**Why pay** more than necessary for a new scooter? **Why not buy** from us and save money?
	this good / that bad	so gut / so schlecht	►► so good/bad; as good/bad as this/that

Study skills

p. 55	**firm** [fɜːm]	Firma	►► company
	knowledge (of/about) ['nɒlɪdʒ]	Wissen (von/über), Kenntnis(se) (von/in)	**knowledge** of art (Wissen auf dem Gebiet der Kunst), **knowledge** of geography (Kenntnisse der Geografie, geografische Kenntnisse), **knowledge** about nature (Wissen über die Natur) *noun:* **knowledge** – *verb:* (to) **know, knew, known**

	(to) **analyze** ['ænəlaɪz]	analysieren, untersuchen	*verb:* (to) **analyze** – *noun:* **analysis** [ə'næləsɪs], *pl* **analyses** [ə'næləsiːz] (Analyse)

Unit 4 – Indian images

pp. 58/59	**image** ['ɪmɪdʒ]	Bild, Abbildung	►► a picture or a photo Africa is much more than just **images** of slums and poor people.
	contrast ['kɒntrɑːst]	Kontrast, Gegensatz	*noun:* **contrast** ['kɒntrɑːst] Coming home to London from a holiday in the Caribbean ... what a **contrast**! – *verb:* (to) **contrast** [kən'trɑːst] (vergleichen, (ein-ander) gegenüberstellen) Please compare and **contrast** the living conditions of Indian children with your own.
	currency ['kʌrənsi]	Währung	Until 2001, the **currency** used in Germany was the Deutsche Mark.
	Hinduism ['hɪnduːɪzəm]	Hinduismus	⚠ The main religion in India is **Hinduism**. A person whose religion is Hinduism is a **Hindu**. One of India's official languages is **Hindi**.
	cow [kaʊ]	Kuh	 a **cow**

rule [ruːl]	Herrschaft	*nouns:* **rule** / *(person:)* **ruler** (Herrscher/in) India was under British **rule** for many years. – *verb:* (to) **rule** herrschen (über) The British **ruled** India for many years.
equality [i'kwɒləti]	Gleichberechtigung, Gleichheit	*nouns:* **equality** ◄► **inequality** [ɪnɪ'kwɒləti] (Ungleichheit) *adjectives:* **equal** ◄► **unequal** [ʌn'iːkwəl] (ungleich)
region ['riːdʒən]	Region	*noun:* **region** ['riːdʒən] – *adjective:* **regional** ['riːdʒənl] (regional)
middle class [mɪdl 'klɑːs]	Mittelstand, Mittelschicht	a **middle-class** family
literacy ['lɪtərəsi]	*Fähigkeit, lesen und schreiben zu können*	*nouns:* **literacy** ◄► **illiteracy** [ɪ'lɪtərəsi] (Analphabetismus) *adjectives:* (to) be **literate** ['lɪtərət] ◄► **illiterate** (lesen/schreiben können ◄► nicht lesen/schreiben können, Analphabet/in sein)

Text 1

p. 60 **caste** [kɑːst]	Kaste, Gesellschaftsklasse	each of the traditional social classes in India
warrior ['wɒriə]	Krieger/in	someone who fights in a war
labour ['leɪbə]	Arbeit; Arbeitskräfte	**labourer** = Arbeiter/in **child labour** = Kinderarbeit

p. 60	**servant** ['sɜːvənt]	Diener/in; Bedienstete/r	someone who works in a (richer) person's house and does their cooking, cleaning, etc. *noun:* **servant** – *verb:* (to) **serve**
	(to) **sweep** [swiːp], **swept, swept** [swept]	fegen, kehren	**(street) sweeper** = Straßenfeger/in **sweeping** the floor 
	sewer ['suːə]	Abwasserkanal	**sewers** *(pl)* = Kanalisation(ssystem) inside a **sewer** tunnel 
	constitution [kɒnstɪ'tjuːʃn]	Verfassung	*noun:* **constitution** – *adjective:* **constitutional** [kɒnstɪ'tjuːʃənl] (verfassungsgemäß)
	marriage ['mærɪdʒ]	Hochzeit, Ehe	Tim and Jack **got married** last month. = Tim **got married to / married** Jack last month. = Their **marriage** was last month. = They've been **married** since last month. = Tim has been **married to** Jack since last month. (verheiratet mit) *noun:* **marriage** – *verb:* (to) **marry**

waste [weɪst]	Müll; Abfall; Fäkalien	**animal waste / human waste** = tierische/menschliche Fäkalien ⚠ **waste** = **1.** Müll; Abfall; Fäkalien; **2.** Verschwendung; **3.** (to) **waste** = verschwenden
(to) **avoid** [ə'vɔɪd]	(ver)meiden; verhindern	(to) **avoid** sth. = etwas (ver)meiden You should always do your best to **avoid** accidents. (to) **avoid doing** sth. = es vermeiden, etwas zu tun I'd like to **avoid waiting** for hours, so I'll go there early.
well [wel]	Quelle, Brunnen	Centuries ago people had to get water from **wells**. 
quota ['kwəʊtə]	Quote	Let's discuss female **quotas**. Do you think **quotas** will stop discrimination against women?
salary ['sæləri]	Gehalt	the money that your employer pays you for doing your job
pharmaceutical [fɑːmə'suːtɪkl]	Pharma-, pharmazeutisch	*adjective:* **pharmaceutical** – *noun:* **pharmaceutical** (Arzneimittel) ⚠ Das Substantiv steht meist im Plural: **pharmaceuticals**.

	biotechnology [baɪəʊtek'nɒlədʒi]	Biotechnologie	That stuff you're eating isn't natural at all! It's a product of **biotechnology**.
	multinational [mʌlti'næʃnəl]	multinational	►► in or from different countries *adjective:* **multinational** – *noun:* **multinational** (multinationaler Konzern, Multi)
	positive discrimination [pɒzətɪv dɪskrɪmɪ'neɪʃn]	positive Diskriminierung *(gesellschaftspolitische Maßnahmen, die negativer Diskriminierung entgegenwirken)*	a policy that helps people who normally have certain disadvantages (e.g. because of gender, colour of skin or social background) to be treated more fairly
	among [ə'mʌŋ]	unter, zwischen *(mehreren Personen oder Dingen)*	**among** ◄► **between**  **among** the green apples  **between** the green apples
p. 61	**position** [pə'zɪʃn]	Position, Standort; Stellung; (Arbeits-)Stelle	From this **position** on the hill you have a great view of the village. She has had the CEO **position** for seven years now. ⚠ Betonung auf der 2. Silbe: po<u>si</u>tion [pə'zɪʃn]
	almost ['ɔːlməʊst]	fast, nahezu, beinahe	►► nearly

employee [ɪm'plɔɪiː]	Arbeitnehmer/in	**employment ◄► unemployment** **employed ◄► unemployed** **self-employed ◄► employed by a company** An **employer** gives people work. An **employee** works for a company / an **employer**.
majority [mə'dʒɒrəti]	Mehrheit, Mehrzahl	**majority ◄► minority** [maɪ'nɒrəti] (Minderheit) There are 16 girls and 13 boys in my class. The girls are in the **majority**. The boys are in the **minority**. (= There are more girls than boys in our class.)
ahead [ə'hed]	voran; voraus	There's an accident on the road **ahead**! Let's take a different route. (to) **get ahead** = vorankommen, weiterkommen *(auch beruflich)*
stall [stɔːl]	(Markt-)Stand, Bude	**stallholder** ['stɔːlhəʊldə] (Standinhaber/in)  a **stall**
sensitive ['sensətɪv]	einfühlsam, sensibel; heikel *(z. B. Thema)*	⚠ *English:* **sensitive** – *German:* sensibel, einfühlsam *English:* **sensible** – *German:* vernünftig; praktisch
religious [rɪ'lɪdʒəs]	religiös	⚠ Betonung auf der 2. Silbe: **religious** [rɪ'lɪdʒəs] *adjective:* **religious** – *noun:* **religion**

	opportunity [ɒpə'tju:nəti]	Gelegenheit, Möglichkeit, Chance	►► chance ⚠ **German "Gelegenheit"**: **1.** Chance, Möglichkeit = **chance/opportunity** **2.** Ereignis, Anlass = **occasion**
	rate [reɪt]	Rate, Quote, Anteil; Tarif, Preis	How high is the unemployment **rate** / the **rate** of unemployment this month? (die Arbeitslosenquote) I went to the museum with several friends, so we got a group **rate**. (= a special price for groups)

Introduction

p. 62	**blend** [blend]	Mischung	*noun:* **blend** – That's a nice **blend** of colours. *verb:* (to) **blend** ((sich) (ver)mischen) You can't **blend** oil **with** water. = You can't **blend** oil **and** water. = Oil and water don't **blend**.
	role [rəʊl]	Rolle *(Film, Theater)*	The coach plays a key **role** for any sports team.
	romantic [rəʊ'mæntɪk]	romantisch	*adjective:* **romantic** – *adverb:* **romantically** [rəʊ'mæntɪkli]
	tax [tæks]	*(die)* Steuer	Beer, gin and whisky are so expensive in this country because there's a high **tax on** alcohol.
p. 63	**wonderful** ['wʌndəfl]	wunderbar	►► very good, great, amazing, awesome

(to) **have** sth. **done (by** sb.**)**	etwas (von jm.) machen lassen *(erledigen lassen)*	Your hair looks nice. Did you cut it yourself or did you **have it cut**? There's something wrong with our car. We need to **have it checked**.

German "lassen"

(to) **have** sth. **done (by** sb.**)**	etwas (von jm.) machen lassen *(erledigen lassen)*	We **had** our website **designed by** a web designer.	= We asked/paid them to do it because they're experts, and we're not.
(to) **leave**	(alleine / in Ruhe / liegen- / zurück-) lassen	**Leave** me **alone**. Don't **leave** me **behind**. I **left** my bag in the car.	= I want to be alone. = Don't go without me. = My bag is still in the car.
(to) **let** sb. **do** sth.	jn. etwas tun/machen lassen *(es erlauben)*	My boss **let** me **go** home a bit earlier.	= My boss allowed me to go home a bit earlier.
(to) **make** sb. **do** sth.	jn. etwas machen lassen *(es befehlen)*	My boss **made** me **sweep** the shop floor.	= My boss ordered me to sweep the shop floor.
(to) **stop** sth.	etwas (sein) lassen	**Stop** that, please.	= Don't do that any more.

(to) **massage** ['mæsɑːʒ]	massieren	⚠ Betonung auf der 1. Silbe: **mas**sage ['mæsɑːʒ] *verb:* (to) **massage** – *noun:* **massage** (Massage)

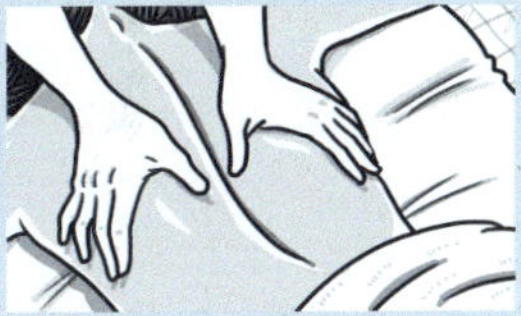

	nail [neɪl]	Nagel	red **fingernails** **nails**  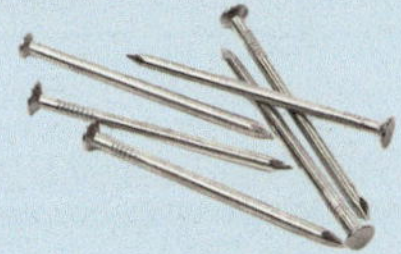 **fingernail** = Fingernagel **toenail** = Zehennagel **toe** = Zehe
	(to) **manicure** ['mænɪkjʊə]	maniküren	*verb:* (to) **manicure** – *noun:* **manicure** (Maniküre)
	(to) **deliver** [dɪ'lɪvə]	(aus)liefern	*verb:* (to) **deliver** – *noun:* **delivery** [dɪ'lɪvəri] (Lieferung) 

Skills training

p. 64	**it is said to be ...**	man sagt, es sei ...	She **is said to be** very rich. (Man sagt, sie sei ...) Sport **is shown to be** good for your health. (Man hat gezeigt / Es wurde gezeigt, dass ... ist.) Green tea **is believed to be** good for you. (Man glaubt, dass ...) He **is known to get up** very early. (Man weiß, dass er ...)

German "man"

There are several ways of expressing the German word "man" in different contexts.

you	**You** never know! **You** can't do it like that. What do **you** call this in English?	Man weiß nie! So kann man das nicht machen. Wie nennt man ...?
they	**They** say she's rich. In France **they** love cheese.	Man sagt, sie sei/ist reich. In Frankreich liebt man Käse.
one ***(in formal language)***	**One** should not do this in general. **One** should always ask **oneself** if it is necessary.	Man sollte das generell nicht tun. Man sollte sich immer fragen, ob es notwendig ist.
the passive	It **is** not **done**. I **was told** what had happened.	Das macht man nicht. Man sagte mir, was passiert war.
(to) **be expected/said/ thought/... to be/do/...**	Ms Wong **is expected to give** a talk. She **is said to be** rich. There **are thought to be** millions of tonnes of plastic in the oceans.	Man erwartet, dass Frau Wong eine Rede hält. Man sagt, sie sei/ ist reich. Man glaubt, es gebe/gibt Millionen Tonnen Plastik in den Ozeanen.

sin [sɪn]	Sünde	In our religion this is a **sin**. = In our religion this is not allowed.
pilgrim ['pɪlgrɪm]	Pilger/in	somebody who travels to a holy place for religious reasons

(to) **bathe** [beɪð]	baden *(in einem Fluss / dem Meer)*	*verb:* (to) **bathe** – *noun:* **bather** ['beɪðə] (Badende/r *(in einem Fluss / dem Meer)*) ⚠ **German "baden"**: You have a **bath** [bɑːθ] at home in your bathroom. You **bathe** [beɪð] (= go swimming) in the sea or in a river.
(to) **pollute** [pə'luːt]	*(die Umwelt)* verschmutzen	*verb:* (to) **pollute** Cars and factories **pollute** the air. – *noun:* **pollution** Air **pollution** is a serious problem.
sewage ['suːɪdʒ]	Abwasser	dirty water from the sewers
(to) **cremate** [krə'meɪt]	einäschern	*verb:* (to) **cremate** – *noun:* **cremation** (Einäscherung)
So do I.	Ich auch. / Das tue ich auch. / Das gilt auch für mich.	I hate coffee. – **So do I.**
Neither do I. ['naɪðə], [niːðə]	Ich auch nicht.	I don't like coffee. – **Neither do I.**
Nor do I. [nɔː]	Ich auch nicht.	... – **Nor do I.**

German "auch nicht"

You can use **not ... either** to say the same as you do with **Neither/Nor** + **auxiliary** + **(pro)noun**.

You **don't** own a car?	Neither/Nor **do** I.	= I **don't** (own a car) either.
I **haven't bought** bread yet.	Neither/Nor **have** I.	= I **haven't** (bought bread) either.
This box **isn't** big enough.	Neither/Nor **is** that one.	= That one **isn't** (big enough) either.
Joe **can't** do this.	Neither/Nor **can** Sam.	= Sam **can't** (do this) either.

	by the way	übrigens	Oh, **by the way**, Grandma called this morning.
	This goes for ... (too).	Dies gilt (auch) für ...	Please be quiet now! **This goes for** all of you!
	(to) **interrupt** [ɪntə'rʌpt]	unterbrechen	It's rude to **interrupt** people when they're talking. *verb:* (to) **interrupt** – *noun:* **interruption** [ɪntə'rʌpʃn] (Unterbrechung)
p. 65	(to) **force** sb. **to do** sth. [fɔːs]	jn. zwingen, etwas zu tun	**forced marriage** = Zwangsheirat (to) **force** sth. = etwas erzwingen verb: (to) **force** – noun: **force** (Zwang; Gewalt; Kraft)
	old-fashioned [əʊld 'fæʃənd]	altmodisch	**old-fashioned ◄► modern**
	(to) **date** sb.	mit jm. gehen, eine Beziehung haben	**date** = **1.** Datum; **2.** Verabredung, Date; **3.** (to) **date** sb. = mit jm. gehen, eine Beziehung haben
	(to) **have** sth. **in common** ['kɒmən]	etwas gemeinsam haben	We're the same age, but we don't **have** much **in common**.
	horoscope ['hɒrəskəʊp]	Horoskop	Betonung auf der 1. Silbe: horoscope ['hɒrəskəʊp]

p. 65	(to) **match** (sth.) [mætʃ]	zueinander passen; passen zu (etwas), übereinstimmen mit (etwas); (passend) zusammenfügen	*verb:* (to) **match** These socks don't **match**. (zueinander passen) Which translations **match** these sentences? (passen zu, übereinstimmen mit) Can you **match** these sentence parts correctly? (passend zusammenfügen) – *noun:* **match** (Gegenstück, (zusammenpassendes) Paar) (to) be a good **match** = gut zusammenpassen
	personality [pɜːsəˈnæləti]	Persönlichkeit; Charakter	Ann has the perfect **personality** to be captain of our team.
	bride [braɪd]	Braut	the **groom**  the **bride**
	groom [gruːm]	Bräutigam	
	divorce [dɪˈvɔːs]	(Ehe-)Scheidung	(to) **get a divorce** = sich scheiden lassen *noun:* **divorce** – *verb:* (to) **divorce** sb. (sich von jm. scheiden lassen) She said that she wanted … **(to get) a divorce**. **to get divorced (from him)**. **to divorce him**. (= sich von ihm scheiden lassen)

eventually [ɪ'ventʃuəli]	letztendlich, schließlich	

The end!

You use ...	... when:	Examples:
eventually	something happens after a long time or after a series of events	Will this conflict **eventually** lead to war?
finally	you describe the last element in a list or series, sometimes after waiting for a long time	"**Finally**, I'd like to thank my family who supported me so much."
at last	when you're impatient after waiting for a long time	Oh, there you are, **at last**!
in the end	after a long period of time with changes or problems	He thought about emigrating to the US, Ghana or Canada, but **in the end** he just moved to Scotland.
at the end of ...	you speak about the end of something specific at the beginning of sth. ◄► at the end	They didn't have much money left **at the end** of the month. I was fit **at the beginning** of the aerobics class, but I was tired **at the end**.

possibly ['pɒsəbli]	möglicherweise	►► maybe
logical ['lɒdʒɪkl]	logisch	*adjective:* **logical** – *noun:* **logic** (Logik)

False friends

These words look similar to German words, but they have different meanings.

English	German	German	English
also	= auch	also	**= so; Well, …**
bald	= glatzköpfig	bald	**= soon**
(to) **become**	= werden	bekommen	= (to) **get**
boot	= Stiefel	Boot	**= boat**
(to) **build**	= bauen	bilden	= (to) **make,** (to) **form**

English	German	German	English
grade	= Schuljahr; (Schul-)Note	Grad	**= degree**
kind	= freundlich	Kind	**= child**
mode	= Modus, Art	Mode	**= fashion**
snake	= Schlange	Schnecke	**= snail**
while	= während	weil	**= because**

Text 2

p. 66 (to) **adopt** [ə'dɒpt]	adoptieren; *(Tier)* bei sich aufnehmen	*verb:* (to) **adopt** – *noun:* **adoption** [ə'dɒpʃn] (Adoption)
harsh [hɑːʃ]	hart, rau; brutal, harsch	Life is often **harsh** for servants when they work long hours and don't get much money. We had a **harsh** winter – it was very cold and there was lots of snow. To say he never gets anything done is a bit **harsh**.
reasonable ['riːznəbl]	vernünftig, angemessen	**reasonably** happy = quite happy (ziemlich/durchaus glücklich)
railway ['reɪlweɪ]	Eisenbahn	**railway station** = Bahnhof **railway line** = Bahnstrecke

	(to) **pass** sb./sth. [pɑːs]	an jm./etwas vorbeigehen, vorbeifahren	I **pass** 14 shops every morning on my way to school. (= walk/cycle/drive past) We **passed through** several small villages. (fahren/ reisen durch) Time **passes** so quickly. (vorbeigehen/-ziehen; vorübergehen *(Zeit, Moment, Gelegenheit)*)
	tonight [tə'naɪt]	heute Nacht, heute Abend	It's so hot today, but we can sit in the garden **tonight** when it gets cooler.
	perhaps [pə'hæps]	vielleicht	►► maybe; possibly
	thrilled [θrɪld]	fasziniert, begeistert	►► very excited
p. 67	(to) **hire** ['haɪə]	mieten, leihen; *(Person:)* einstellen	*verb:* (to) **hire** – *noun:* **hire** (Verleih, Vermietung)
	bar [bɑː]	Stange, Balken, (Gitter-)Stab; Riegel *(Schokolade, Müsli)*; Tafel *(Schokolade)*	**bicycle handlebars** *(pl)* (Lenkstange)  *noun:* **bar** – *verb:* (to) **bar** ((ab)sperren, blockieren; vergittern *(z. B. Fenster)*)
	(to) **rest** [rest]	ruhen; sich (auf)stützen; sich ausruhen	*verb:* (to) **rest** Sit down and **rest** your feet. When your feet are **resting** on the ground, you sit comfortably. – *noun:* **rest** (Ruhe, Pause, Erholung) That was hard work. Take a **rest**!

p. 67	**bumpy** ['bʌmpi]	holprig, *(Flug/Schifffahrt)* unruhig	We had to drive slowly along the **bumpy** country road. It was a very **bumpy** flight. I felt so sick!
	bush [bʊʃ]	Busch	⚠ Aussprache: [bʊʃ] **bushes** 
	by the time [baɪ]	als; wenn	**By the time** we arrived, the concert had already started. (als) **By the time** you finish school, your English will be very good. (wenn)
	sleepy ['sliːpi]	müde; verschlafen	►► a bit tired; needing sleep I sat in the garden and began to feel a bit **sleepy**.
	exhausted [ɪg'zɔːstɪd]	erschöpft	►► very tired After ten hours of hard work we were completely **exhausted**.
	bench [bentʃ]	Bank *(zum Sitzen)*	⚠ **German "Bank"**: **1.** where you can sit: **bench** 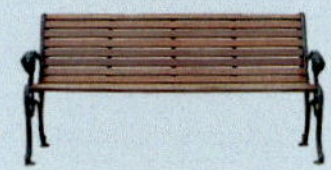 **2.** where you have your money: **bank** 
	straightaway [streɪtə'weɪ]	sofort	►► immediately

carriage ['kærɪdʒ]	(Eisenbahn-)Wagen	an old train **carriage** 
(to) **wonder** ['wʌndə]	sich fragen	Do you know that woman over there? I **wonder** who she is. *English:* I **wonder** who ... *(no reflexive pronoun!)* *German:* Ich **frage** **mich**, wer ...
stairs *(pl)* [steəz]	Treppe; (Treppen-)Stufen ⚠	*German:* **Die Treppe** dort **ist** gefährlich. *English:* **Those stairs are** dangerous.
case [keɪs]	Fall	**In (the) case of** fire, don't panic. Let's take an umbrella, **(just) in case** it rains. ((nur) für den Fall, dass ...)
conductor [kən'dʌktə]	Schaffner/in, Zugbegleiter/in	
(to) **shine** [ʃaɪn]**, shone, shone** [ʃɒn]	scheinen *(Sonne)*; leuchten, strahlen, glänzen	Time to get out of bed! The sun is **shining**, and it's a beautiful day.
panic ['pænɪk]	Panik	*noun:* **panic** – *verb:* (to) **panic** (in Panik geraten) **Don't panic.** = Keine Panik. / Immer mit der Ruhe.

	(to) **curse** [kɜːs]	fluchen	He **cursed** as he arrived on the platform and saw that his train had just left. *verb:* (to) **curse** – *noun:* **curse** (Fluch)
	(to) **keep (on) doing** sth.	etwas immer wieder / immer weiter tun; etwas ständig tun	I tried to speak, but he **kept interrupting** me. **Keep (on) smiling** – and never give up.
p. 70	**golden** ['gəʊldn]	golden, aus Gold	*adjective:* **golden** – *noun:* **gold**
	triangle ['traɪæŋgl]	Dreieck	a **triangle** 
	architecture ['ɑːkɪtektʃə]	Architektur ⚠	Betonung auf der 1. Silbe: architecture ['ɑːkɪtektʃə]
	fabulous ['fæbjələs]	sagenhaft, fabelhaft	►► extremely good; fantastic; awesome
	landmark ['lændmɑːk]	Wahrzeichen	The Eiffel Tower is a **landmark** of Paris.
	palace ['pæləs]	Palast, Schloss ⚠	Betonung auf der 1. Silbe: palace ['pæləs] 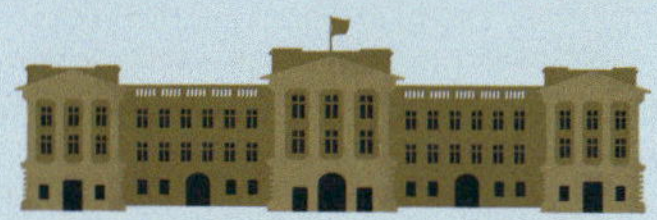 a **palace**
	sunrise ['sʌnraɪz]	Sonnenaufgang	**sunrise** ◄► **sunset** ['sʌnset] (Sonnenuntergang)
	(to) **impress** [ɪm'pres]	beeindrucken	*verb:* (to) **impress** – *noun:* **impression**
	decoration [dekə'reɪʃn]	Dekoration, Schmuck, Verzierung	*noun:* **decoration** – *verb:* (to) **decorate**

Study skills

p. 71	**neutral** ['nju:trəl]	neutral	⚠ Achte auf Betonung und Aussprache im Gegensatz zum Deutschen: ['nju:trəl]
	reliable [rɪ'laɪəbl]	verlässlich, zuverlässig	She's a very **reliable** person. If she says she will do something, then she will really do it.
	plantation [plæn'teɪʃn]	Plantage; Anpflanzung	Sugar **plantation** owners used slave labour to earn a lot of money.
	production [prə'dʌkʃn]	Produktion	*verb:* (to) **produce** – *nouns: (what you produce)* **product;** *(the process of producing sth.)* **production** ⚠ Betonung auf der 2. Silbe: pro**duc**tion [prə'dʌkʃn]
	encyclopedia [ɪnsaɪklə'pi:diə]	Enzyklopädie, Lexikon	⚠ Achte auf Betonung und Aussprache: [ɪnsaɪklə'pi:diə]
	item ['aɪtəm]	Artikel, Gegenstand, Punkt *(auf einer Liste)*	I took my **items** to the cash desk. **news item** = Nachrichtenmeldung, Pressemeldung
	medical ['medɪkl]	ärztlich, medizinisch; gesundheitlich	⚠ Betonung auf der 1. Silbe: **me**dical ['medɪkl] **medical insurance** = Krankenversicherung
	decent ['di:snt]	anständig, ordentlich, annehmbar	►► good enough; satisfactory You should try to find a **decent** job with **decent** pay.
	wage [weɪdʒ], *oft auch:* **wages** *(pl)*	Lohn	Many years ago my dad had a **wage** of £180 per week. Now his **wages** are much higher. **minimum wage** = Mindestlohn

Working for money

pay	money that somebody earns for doing regular work (in general)	Bezahlung
salary	money that employees earn for doing their job, e.g. doctors in hospitals or people working in offices, usually paid every month	Gehalt
wage(s)	money that somebody earns regularly, usually every week or every month, for work or services	Lohn

benefit ['benɪfɪt]	Nutzen, Vorteil	*noun:* **benefit** – *verb:* (to) **benefit** **1.** You **benefit from** sth. = Du profitierst von etwas. **2.** It **benefits** you. = Es nützt dir. ⚠ **benfited/benefiting** *or* **benefitted/benefitting**
caffeine ['kæfiːn]	Koffein	⚠ Betonung auf der 1. Silbe: **caf**feine ['kæfiːn]
cancer ['kænsə]	Krebs *(Erkrankung)*	He got **cancer**. Luckily he survived after a long treatment.
(to) **claim** [kleɪm]	angeben, behaupten	He looks about 15, but **claims** he's 18. *verb:* (to) **claim** – *noun:* **claim** (Behauptung)
herbal ['hɜːbl]	Kräuter-	**herbal** tea = tea made from **herbs** [hɜːbz] (Kräuter)
mint [mɪnt]	(Pfeffer-)Minze	**mint** leaves 
significant [sɪg'nɪfɪkənt]	deutlich, spürbar, erheblich, signifikant	**significant** ◄► **insignificant** [ɪnsɪg'nɪfɪkənt] (unbedeutend, geringfügig)

study ['stʌdi]	Untersuchung, Studie	*noun:* **study** – *verb:* (to) **study** (untersuchen; studieren; lernen *(z. B. für Prüfungen)*)
recent ['riːsnt]	aktuell, jüngst	**recent** history (jüngere/jüngste Geschichte) a **recent** photo of me (ein aktuelles Foto) in **recent** years (in den letzten Jahren)
strike [straɪk]	Streik	*noun:* **strike** Workers **went on strike** for a pay increase. – *verb:* (to) **strike, struck, struck** [strʌk] (streiken; schlagen)  We're going to **strike** for a pay increase! Parents should never **strike** their children.
miserable ['mɪzrəbl]	erbärmlich, jämmerlich, trostlos	I felt **miserable**. (= not very well; very unhappy) What **miserable** weather! (= horrible)

Your task

p. 73	**tourism** ['tʊərɪzəm]	Tourismus	⚠ Betonung auf der 1. Silbe: <u>**tou**</u>rism ['tʊərɪzəm]

infinitive	simple past	past participle	
(to) **be**	I/he/she/it **was;** you/we/you/they **were**	**been**	sein
(to) **bear**	**bore**	**borne**	ertragen, aushalten; tragen
(to) **beat**	**beat**	**beaten**	schlagen, besiegen
(to) **become**	**became**	**become**	werden
(to) **begin**	**began**	**begun**	anfangen, beginnen
(to) **bite**	**bit**	**bitten**	beißen; stechen *(z. B. Insekten)*
(to) **bleed**	**bled**	**bled**	bluten
(to) **blow**	**blew** [uː]	**blown**	pusten, blasen; wehen
(to) **break** [eɪ]	**broke**	**broken**	brechen
(to) **bring**	**brought**	**brought**	bringen, mitbringen
(to) **build** [ɪ]	**built** [ɪ]	**built** [ɪ]	bauen
(to) **burn**	**burnt**	**burnt**	brennen, verbrennen
(to) **burst**	**burst**	**burst**	brechen, bersten, platzen
(to) **buy**	**bought**	**bought**	kaufen
(to) **catch**	**caught**	**caught**	(ein)fangen; erwischen
(to) **choose**	**chose**	**chosen**	wählen, auswählen
(to) **come**	**came**	**come**	kommen
(to) **cost**	**cost**	**cost**	kosten

infinitive	simple past	past participle	
(to) **cut**	**cut**	**cut**	schneiden; *(Rasen)* mähen
(to) **deal (with)**	**dealt**	**dealt**	sich kümmern (um); sich befassen (mit), behandeln *(z. B. Thema)*
(to) **do**	**did**	**done** [ʌ]	tun, machen
(to) **dig**	**dug**	**dug**	graben
(to) **draw**	**drew**	**drawn**	zeichnen
(to) **drink**	**drank**	**drunk**	trinken
(to) **drive** [aɪ]	**drove** [əʊ]	**driven** [ɪ]	fahren
(to) **eat** [iː]	**ate** [et, eɪt]	**eaten** [iː]	essen
(to) **fall**	**fell**	**fallen**	fallen
(to) **feed**	**fed**	**fed**	füttern
(to) **feel**	**felt**	**felt**	fühlen, sich fühlen
(to) **fight**	**fought**	**fought**	kämpfen, bekämpfen
(to) **find**	**found**	**found**	finden
(to) **fly**	**flew**	**flown**	fliegen
(to) **forget**	**forgot**	**forgotten**	vergessen
(to) **freeze**	**froze**	**frozen**	(ge)frieren; erstarren
(to) **get**	**got**	**got**	bekommen; (sich etw.) besorgen, holen
(to) **give** [ɪ]	**gave**	**given** [ɪ]	geben

infinitive	simple past	past participle	
(to) **go**	**went**	**gone**	gehen, fahren
(to) **grow**	**grew**	**grown**	anbauen; werden; wachsen
(to) **hang**	**hung** [ʌ]	**hung**	hängen
(to) **have**	**had**	**had**	haben
(to) **hear** [ɪə]	**heard** [ɜː]	**heard**	hören
(to) **hide**	**hid**	**hidden**	(sich) verstecken
(to) **hit**	**hit**	**hit**	treffen auf, schlagen, prallen, stoßen
(to) **hold**	**held**	**held**	halten
(to) **hurt**	**hurt**	**hurt**	verletzen; wehtun
(to) **keep**	**kept**	**kept**	(be)halten
(to) **kneel**	**knelt**	**knelt**	knien
(to) **know** [nəʊ]	**knew** [njuː]	**known** [nəʊn]	wissen; kennen
(to) **lead**	**led**	**led**	führen, leiten
(to) **leave**	**left**	**left**	lassen, zurücklassen, verlassen
(to) **lend**	**lent**	**lent**	(ver)leihen
(to) **let**	**let**	**let**	lassen
(to) **light**	**lit**	**lit**	anzünden
(to) **lose** [uː]	**lost**	**lost**	verlieren
(to) **make**	**made**	**made**	machen, herstellen

infinitive	simple past	past participle	
(to) **mean** [iː]	**meant** [e]	**meant** [e]	bedeuten; sagen wollen
(to) **meet**	**met**	**met**	treffen
(to) **pay**	**paid**	**paid**	(be)zahlen
(to) **put**	**put**	**put**	legen, stellen, stecken
(to) **read** [iː]	**read** [e]	**read** [e]	lesen
(to) **reset**	**reset**	**reset**	zurücksetzen; resetten
°(to) **rewrite**	**rewrote**	**rewritten**	neu schreiben, umschreiben
(to) **ride** [aɪ]	**rode**	**ridden** [ɪ]	reiten; *(Rad)* fahren
(to) **ring**	**rang**	**rung**	läuten, klingeln
(to) **rise**	**rose**	**risen**	(an)steigen; sich erheben
(to) **run**	**ran**	**run**	rennen, laufen
(to) **say**	**said** [sed]	**said** [sed]	sagen
(to) **see**	**saw**	**seen**	sehen
°(to) **seek**	**sought**	**sought**	suchen
(to) **sell**	**sold**	**sold**	verkaufen
(to) **send**	**sent**	**sent**	senden, schicken
(to) **set**	**set**	**set**	stellen, legen, setzen
(to) **sew**	**sewed**	**sewn**	nähen
(to) **shake**	**shook**	**shaken**	schütteln

infinitive	simple past	past participle	
(to) **shoot**	**shot**	**shot**	(er)schießen
(to) **show**	**showed**	**shown**	zeigen
(to) **shut**	**shut**	**shut**	(ver)schließen
(to) **sing**	**sang**	**sung**	singen
(to) **sit**	**sat**	**sat**	sitzen; sich setzen
(to) **sleep**	**slept**	**slept**	schlafen
°(to) **slide**	**slid**	**slid**	schieben, gleiten (lassen)
(to) **speak** [iː]	**spoke**	**spoken**	sprechen
(to) **speed**	**sped**	**sped**	rasen, zu schnell fahren
(to) **spend**	**spent**	**spent**	*(Geld)* ausgeben, *(Zeit)* verbringen
(to) **spin**	**spun**	**spun**	(sich) drehen
(to) **spread**	**spread**	**spread**	verbreiten, sich ausbreiten
(to) **stand**	**stood**	**stood**	stehen
(to) **steal**	**stole**	**stolen**	stehlen, rauben
°(to) **stick**	**stuck**	**stuck**	kleben
(to) **sting**	**stung**	**stung**	stechen *(Insekt)*; brennen
(to) **sweep**	**swept**	**swept**	fegen, kehren
(to) **swim**	**swam**	**swum**	schwimmen
(to) **swing**	**swung**	**swung**	schwingen

infinitive	simple past	past participle	
(to) **take**	**took**	**taken**	(mit)nehmen; bringen
(to) **teach** [iː]	**taught** [ɔː]	**taught** [ɔː]	lehren, unterrichten
(to) **tell**	**told**	**told**	sagen; erzählen, berichten
(to) **think**	**thought**	**thought**	denken, glauben, meinen
(to) **throw**	**threw**	**thrown**	werfen
(to) **understand**	**understood**	**understood**	verstehen
(to) **wake up**	**woke up**	**woken up**	aufwachen; (auf)wecken
(to) **wear** [eə]	**wore** [ɔː]	**worn** [ɔː]	tragen *(Kleidung)*
(to) **win**	**won** [ʌ]	**won** [ʌ]	gewinnen
(to) **write** [aɪ]	**wrote**	**written** [ɪ]	schreiben

°Mit diesem Kringel sind Wörter markiert, die nicht zum Lernwortschatz gehören.

English sounds

[iː]	gr**ee**n, h**e**, s**ea**	[ɜː]	**ear**ly, h**er**, g**ir**l, w**or**k, T-sh**ir**t	[ʌ]	m**u**m, b**u**s, c**o**lour
[ɑː]	**a**sk, cl**a**ss, c**ar**, p**ar**k	[ɪ]	**i**n, b**i**g, **e**xpens**i**ve	[ɒ]	s**o**ng, **o**n, d**o**g, wh**a**t
[ɔː]	**or**, b**a**ll, d**oor**, f**our**, m**or**ning	[e]	y**e**s, b**e**d, ag**ai**n, br**ea**kfast	[ʊ]	b**oo**k, g**oo**d, p**u**llover
[uː]	r**u**ler, bl**ue**, t**oo**, tw**o**, y**ou**	[æ]	**a**nimal, **a**pple, bl**a**ck, c**a**t	[ə]	**a**gain, t**o**day, **a** sist**er**
				[i]	happ**y**, Turk**ey**, coff**ee**

[u]	museum, you, to	[k]	kitchen, car, back	[tʃ]	child, teacher, watch
[eɪ]	name, eight, play, great	[m]	man, remember, mum	[dʒ]	job, German, project, orange
[aɪ]	I, time, right, my	[n]	no, one, ten	[θ]	thing, three, bathroom, month
[ɔɪ]	boy, toilet, noise	[ŋ]	wrong, uncle, thanks	[ð]	the, father, with
[əʊ]	old, no, boat, yellow	[l]	like, old, small	[h]	house, who, behind
[aʊ]	now, house	[r]	ruler, friend, sorry	[x]	loch
[eə]	where, hair, share, their	[w]	we, where, one		
[ʊə]	tour	[j]	yes, you, uniform		
[ɪə]	here, theatre, zero	[f]	family, after		
[b]	bike, table, crab	[v]	very, seven, have		
[p]	pen, popular, shop	[s]	six, poster, yes		
[d]	day, window, good	[z]	quiz, his, music, please		
[t]	ten, butter, at	[ʃ]	she, station, English		
[g]	go, again, bag	[ʒ]	usually, treasure, garage		

Am besten kannst du dir die Aussprache der einzelnen Lautzeichen einprägen, wenn du dir zu jedem Zeichen ein einfaches Wort merkst – das [eɪ] ist der *name*-Laut usw.

The English alphabet

a	[eɪ]	**e**	[iː]	**i**	[aɪ]	**m**	[em]	**q**	[kjuː]	**u**	[juː]	**y**	[waɪ]
b	[biː]	**f**	[ef]	**j**	[dʒeɪ]	**n**	[en]	**r**	[ɑː]	**v**	[viː]	**z**	[zed]
c	[siː]	**g**	[dʒiː]	**k**	[keɪ]	**o**	[əʊ]	**s**	[es]	**w**	['dʌbljuː]		
d	[diː]	**h**	[eɪtʃ]	**l**	[el]	**p**	[piː]	**t**	[tiː]	**x**	[eks]		